Klemens Richter

Was ich von der Messe wissen wollte

Zu Fragen aus der
Gemeinde von heute

Herder Freiburg · Basel · Wien

Gemeinde im Gottesdienst

Umschlagfoto: KNA

Dritte Auflage

Alle Rechte vorbehalten – Printed in Germany
Mit kirchlicher Druckerlaubnis Nr. 305-6-14/82
Münster/Westf., den 28. Dezember 1982
Heinz Janssen, Generalvikar
© Verlag Herder Freiburg im Breisgau 1983
Herstellung: Freiburger Graphische Betriebe 1986
ISBN 3-451-19789-8

Für Almut und Degenhard,
die so früh sterben mußten,
mit denen uns aber
in der Hoffnung unseres Glaubens
die Feier des Gedächtnisses
von Tod und Auferstehung unseres Herrn
verbindet.

Vorwort

„Mitte des ganzen christlichen Lebens" nennt die Allgemeine Einführung in das neue Meßbuch die Feier der Eucharistie (AEM 1). Wenn das so ist, dann „ist es von größter Bedeutung, die Feier der Messe, das Herrenmahl, so zu ordnen, daß alle Teilnehmer – die Gläubigen wie auch jene, die einen besonderen Dienst versehen – entsprechend ihrer Stellung mitwirken" (AEM 2). Und das wiederum „wird am besten erreicht, wenn unter Beachtung der Eigenarten und Gegebenheiten jeder Gemeinde die ganze Feier so gestaltet wird, daß sie zur bewußten, tätigen und vollen Teilnahme der Gläubigen führt" (AEM 3). Dieses Ziel kann aber nur dann erreicht werden, wenn die Mitfeiernden wissen, was Texte und Handlungen der Eucharistiefeier bedeuten. Doch „offensichtlich sinkt die Zahl derer, die Liturgie ‚gelernt' haben: es gibt immer weniger Priester; auch die Zahl der Küster, Organisten usw. geht zurück. Das wirkt sich schnell bis in die Kreise der Mitarbeiter aus: will man Liturgieausschuß und Arbeitskreise verantwortlich miteinbeziehen, werden die Wissenslücken offenbar. Die Folge ist eine Verarmung des Gottesdienstes" (Wolfgang Meurer).

Stimmt diese Beobachtung, dann fehlt es gerade heute an liturgischer Bildung, obwohl diese nie so wichtig war wie eben nach der Erneuerung der Meßfeier. Solange Liturgie nur als Kult verstanden wurde und als eine ausschließliche „Funktion der Weihegewalt, die nur von Klerikern ausgeführt werden kann" (Kirchliches Rechtsbuch, can. 2256), konnte eher noch auf ein Wissen um die einzelnen Vorgänge verzichtet werden. Doch „wie soll die Fülle der neuen Texte, die nun endlich wieder verständlich wie zur Zeit der Kirchenväter auf das Volk zukommen, anwachsen, innerlich verarbeitet werden, wenn nicht hie und da ein helfendes, deutendes Wort gesagt wird, zumal zu den Texten, die das Volk immer wieder in den Mund nimmt" (Balthasar Fischer)?

In den letzten Jahren stellen die Leser der Zeitschrift „Christ in der Gegenwart" immer wieder Fragen zum Vollzug der Meßfeier, die dort Woche für Woche beantwortet werden. Einige der immer wiederkehrenden Fragen werden hier nun zu diesem kleinen Buch zusammengestellt. Die Antworten orientieren sich an der Allgemeinen Einführung in das neue Meßbuch, wollen aber darüber hinaus Hilfen für die Praxis geben. Es handelt sich um eine Auswahl, also um keine systematische Darstellung aller mit der Meßfeier heute verbundenen Fragen. Dazu würde der Umfang dieser Veröffentlichung nicht reichen, die – so hoffen wir – eine der notwendigen Hilfen sein kann, welche zu einem besseren Verständnis der Herrenmahlfeier der Gemeinde und damit zu einer bewußteren Teilnahme aller beitragen kann.

Am Hochfest der Erscheinung des Herrn 1983

Klemens Richter

Inhalt

Zur Eröffnung der Meßfeier

Zum Wortgottesdienst

Zur Eucharistiefeier – Gabenbereitung

Zur Eucharistiefeier – Hochgebet

Zur Eucharistiefeier – Kommunion

Zum Abschluß der Meßfeier

Abkürzungen:

AEM – Allgemeine Einführung in das neue Meßbuch
LK – Liturgiekonstitution des II. Vatikanischen Konzils

Literaturhinweise zur Vertiefung:

A. Adam, Die Messe in neuer Gestalt, Würzburg 1974.
Beschreibung des Ablaufs der Meßfeier.

A. Adam / R. Berger, Pastoralliturgisches Handlexikon, Freiburg
³1983.
Wichtiges Nachschlagewerk für alle liturgischen Begriffe.

G. Debbrecht, Messe – für mich? Antworten auf Fragen junger
Menschen, Freiburg ⁷1984.

J. H. Emminghaus, Die Messe. Wesen – Gestalt – Vollzug, Klo-
sterneuburg ²1978.
*Darstellung des Verlaufs der Gemeindemesse und Überblick über
die Entwicklung der Eucharistiefeier seit dem Abendmahl Jesu.*

E. J. Lengeling, Die neue Ordnung der Eucharistiefeier. Allge-
meine Einführung in das Römische Meßbuch. Lateinischer und
deutscher Text (Lebendiger Gottesdienst 17/18), Münster 1972.
*Bislang einziges Kommentarwerk, das leider vergriffen ist. Die
AEM ist im Meßbuch und im SCHOTT für die Wochentage,
Teil 2, zugänglich.*

Th. Maas-Ewerd / K. Richter (Hrsg.), Gemeinde im Herrenmahl.
Zur Praxis der Meßfeier, Einsiedeln – Freiburg ²1976.
Standardwerk für die Neuordnung der Meßfeier.

H. B. Meyer (Hrsg.), Er brach das Brot. Eucharistiepredigten,
Innsbruck 1979.

J. G. Plöger (Hrsg.), Gott feiern. Theologische Anregung und
geistliche Vertiefung zur Feier von Messe und Stundengebet,
Freiburg ²1980.

Th. Schnitzler, Was die Messe bedeutet. Hilfen zur Mitfeier, Freiburg ⁹1983.
*Die originelle Sprache und die von Humor begleiteten Darlegun-
gen bieten eine geradezu spannende Lektüre zum Meßverlauf.*

SCHOTT-Meßbuch für die Wochentage, Teil 1 + 2; SCHOTT-
Meßbuch für die Sonn- und Festtage, je 1 Band Lesejahre A, B,
C, Freiburg 1982–84
Alle Texte des Meßbuchs und des Lektionars mit Einführungen.

B. Weiß, Themenschlüssel zum Meßbuch, Freiburg 1976.
Ein Stichwortverzeichnis, das die Texte des Meßbuchs erschließt.

Zum Gottesdienst am Sonntag

1 Warum muß die Gemeinde Sonntag für Sonntag Messe feiern?

Die christliche Gemeinde kommt „am ersten Tag der Woche" (Apg 20,7–12), dem „Tag der Auferstehung" (Mt 28,1; Mk 16,9; Lk 24,1; Joh 20,1), zusammen „zur Lehre der Apostel, zu brüderlicher Gemeinschaft, zum Brechen des Brotes und zu Gebeten" (Apg 2,42). Sie versammelt sich am „Tag des Herrn" (Offb 1,10), um in Lob, Preis und Dank auf den Anruf ihres Herrn Jesus Christus zu antworten. Dieses Zusammenkommen, das Sich-Versammeln, ist für die christliche Gemeinde so bedeutsam, daß sie als Ekklesia, als Versammlung, bezeichnet wird (z. B. Apg 4,31; 12,12; 14,27; 15,30; 1 Kor 11,17–20). Doch schon für die neutestamentliche Zeit gilt die Mahnung: „Laßt uns nicht unseren Zusammenkünften fernbleiben, wie es einigen zur Gewohnheit geworden ist, sondern ermuntert einander" (Hebr 10,25). Dem Ruf des Herrn entspricht schon seit dem 1. Jahrhundert die Verpflichtung: „Am Tag des Herrn versammelt euch zur Eucharistie" (Didache, Kap. 14), also nicht an einem beliebigen Tag, sondern am Sonntag, dem „Ur-Feiertag", dem „Fundament und Kern des ganzen liturgischen Jahres" (LK 106).

Im Jahre 112 berichtet der Statthalter Plinius an Kaiser Trajan: „Der Christen einziger Fehler ist, daß sie sich ihrer Gewohnheit gemäß an einem festgesetzten Tag versammeln." Am 12. Februar 304 stehen 49 Christen in Karthago vor Gericht, weil sie „entgegen dem Verbot des Kaisers zusammengekommen" sind. Nicht daß sie Christen sind, ist ihr Verhängnis, sondern daß sie sich versammelt haben.

Auf die Frage „Warum?" antworten sie: „Weil ein Christ ohne Collecta (Versammlung) und ohne Dominicum (Herrentag, Herrenfeier, Herrenmahl) nicht sein kann."

Zentraler Inhalt dieser sonntäglichen Zusammenkunft der Gemeinde ist das Herrenmahl, das Gedächtnis von Tod und Auferstehung unseres Herrn, eine wöchentliche Osterfeier also. Diese Feier folgt seinem Auftrag: „Tut dies zu meinem Gedächtnis." Die sonntägliche Verbindung von Gemeindezusammenkunft und Eucharistiefeier ist somit vom Wesen der Gemeinde gefordert. Hier verbinden sich die drei Grundaufgaben christlicher Gemeinde miteinander: den Glauben bezeugen (Martyria), den Glauben feiern (Liturgia) und den Glauben tun (Diakonia). So ist mit der Mahlfeier auch die Verkündigung verbunden. Das wird nicht nur durch das Hochgebet bezeugt, mit dem „wir den Tod des Herrn verkünden, bis er kommt" (1 Kor 11,26), sondern durch die Lesungen und die Schriftauslegung (vgl. Apg 10,7.11). Wortgottesdienst und Eucharistiefeier gehören so eng zusammen, daß sie eine untrennbare Einheit bilden. Aufscheinen muß aber auch die Verbindung zum christlichen Leben im Alltag, zum sogenannten Gottesdienst des Lebens. Liturgisches Tun und soziales Handeln dürfen nicht voneinander getrennt werden.

Daß es der regelmäßigen Zusammenkunft der Gemeinde bedarf, dafür sprechen auch allgemeine menschliche Erfahrungen. Es gibt keine Gemeinschaft, die ohne Zusammenkommen denkbar ist. Menschen, die sich mögen, haben ein Verlangen danach, sich zu begegnen. So ist es also nicht erforderlich, auf ein Sonntagsgebot zu verweisen, das nur dort notwendig war, wo der eigentliche Sinn der christlichen Gemeindeversammlung nicht mehr erschlossen werden konnte.

2 Was ist das eigentlich Neue am Verständnis der Meßfeier?

Die Grundstruktur der Meßfeier wird in Artikel 7 der neuen Meßbuch-Einführung in einer bislang ungewohnten Weise beschrieben. Danach ist Christus zunächst „wirklich gegenwärtig in der Gemeinde, die sich in seinem Namen versammelt", dann erst „in der Person des Amtsträgers", sodann „in seinem Wort sowie wesenhaft und fortdauernd unter den eucharistischen Gestalten". Mancher mag erstaunt sein, daß die Gegenwart Christi unter Brot und Wein nicht an erster Stelle genannt wird. Aber es gehört zu den Leitmotiven der Erneuerung, den Gottesdienst und damit den in ihm als Mittler zwischen Gott und Mensch wirkenden Christus nicht in seiner statischen, sondern in seiner dynamischen Gegenwart zu beschreiben: Liturgie als Handlungsvollzug, als Prozeß.

„Seit den Kämpfen um das rechte Verständnis der Eucharistie hatte sich das katholische Bewußtsein von der (dynamischen) Gegenwart Christi fast ausschließlich auf die (eher statische) Gegenwart Christi unter den eucharistischen Gestalten eingeengt" (E. J. Lengeling). Nunmehr ist die Rede zuerst von der fundamentalen Gegenwart in der liturgischen Gemeinde gemäß dem Wort Jesu: „Wo zwei oder drei in meinem Namen versammelt sind, da bin ich mitten unter ihnen" (Mt 18, 20). Dazu gehört in besonderer Weise der Priester. Dann folgt die Aktualpräsenz Christi im (absteigenden) Wort der Schrift, im (aufsteigenden) Lob Gottes und in der Eucharistie. In letzterer wird die Gegenwart Christi zur Unterscheidung von den übrigen auch ganz realen Gegenwartsweisen als fortdauernd bezeichnet.

In dieser Beschreibung wird deutlich, daß alle Zusammenkommenden Träger des Gottesdienstes sind. Unter der Leitung des Priesters erfüllt die Gemeinde ihren Auftrag, „voll bewußt und tätig" an der Liturgie teilzunehmen. Dazu besitzt sie, „die königliche Priesterschaft" (1 Petr 2, 9), Recht und Amt kraft Taufe und Firmung. Allzulange wurde Liturgie ausschließlich als eine „Funktion der Weihegewalt, die nur von Klerikern ausgeführt werden kann" (Kirchliches Rechtsbuch, can. 2256), verstanden. Der Wirklichkeit wurde das zwar nie gerecht, wie Nottaufe, Mitwirkung der Paten bei Taufe und Firmung oder Eheschließung (Brautleute als Spender des Sakraments) zeigen. Doch entsprach dies weithin der bei den Gläubigen eingewurzelten Anschauung, nur der Priester sei eigentlicher Liturge. So wird „durch die Mitfeier und tätige Teilnahme der Gläubigen deutlicher erkennbar, daß die Feier ihrem Wesen nach ein Handeln der Kirche ist" (AEM 4).

3 Welche Begründung gibt es für Vorabendmessen?

Die Erlaubnis zur „Feier der Sonn- und Festtagsmessen am Vorabend" wurde den deutschen Bischöfen 1965 von Rom für fünf Jahre erteilt. Als Gründe dafür wurden genannt Priestermangel, Ausflugs- und Fremdenverkehr, die Unzumutbarkeit von mehreren Messen durch denselben Priester am Sonntagmorgen. Die Bischöfe waren bei der Gewährung dieser Erlaubnis an die Pfarreien eher zurückhaltend. Doch die guten pastoralen Erfahrungen veranlaßten sie, in Rom um eine allgemeine Erlaubnis einzukommen, die 1969 gewährt wurde und die nach wie vor gilt.

Somit liegt es nun in der Verantwortung der Gemeinden, darüber zu entscheiden. Dabei gibt es keine Beschränkung auf die Vorabendmesse am Sonntag! In der Eucharistie-Instruktion von 1967 ist von „der Feier des Sonn- oder gebotenen Feiertages am Vorabend" die Rede. Rottenburg gehört zum Beispiel zu den Bistümern, die 1969 allen Pfarrern gestatteten, „eine heilige Messe an den Vorabenden der Sonn- und gebotenen Feiertage einzuführen, durch deren Teilnahme die Gläubigen ihre Sonntagspflicht erfüllen können". Es gibt aber Bistümer, die einschränkend verfahren, so etwa Passau, wo noch 1974 darauf bestanden wird, daß die Einführung des „Vorabendgottesdienstes vor Sonn- und Feiertagen dem Bischöflichen Ordinariat zu melden" ist – wohl im Gegensatz zu der durch Rom erteilten generellen Erlaubnis. In der Tat wäre schwer einzusehen, wenn Vorabendmessen nur am Samstag, nicht aber am Abend vor gebotenen Feiertagen stattfinden könnten. – An vielen kirchlichen gebotenen Feiertagen besteht keine Arbeitsruhe, so daß die Gläubigen dann nur die eine Abendmesse am Tage selbst wahrnehmen könnten. Hinzu kommt, daß die Vorabendmesse so selbstverständlich geworden ist, daß wohl viele, die an Feiertagen diese Möglichkeit nicht haben, gar nicht zur Kirche kommen werden.

In deutschen Diözesen gab es Ende der sechziger Jahre heftige Auseinandersetzungen um das Ja oder Nein zur Vorabendmesse. Frühzeitig schon hatte sich damals der Limburger Weihbischof Kampe für sie ausgesprochen: angesichts unserer unruhigen Lebensweise am Sonntag erscheine eine ruhige Meßfeier am Vorabend notwendig; dann sei eine Verlagerung der Lebensintensität vom Morgen auf den Abend zu beobachten; und: die Nähe zur Nacht verweise auf das Gedächtnis der Auferstehung; schließlich: die Feier am Samstagabend sei der am Sonntagabend wegen ihres österlichen Charakters vorzuziehen.

Inzwischen sind die Vorabendmessen in manchen Gemeinden die am meisten besuchten Gottesdienste. Dabei geht es nicht um die Erfüllung der „Sonntagspflicht" zu einem früheren Zeitpunkt, sondern: der Sonntag beginnt schon mit dieser Meßfeier.

Die Sorge mancher Bistümer, der Sinn des Sonntags könnte durch die Vorabendmesse verdunkelt werden, ist hinfällig angesichts der Erfahrung, daß die berechtigte Sorge um die Erhaltung des christlichen Sonntags durch die Vorabendmesse nicht vergrößert, sondern eher verringert wird. „Die Erfahrung bestätigt, daß die Vorabendmesse hauptsächlich von solchen Gläubigen besucht wird, die Wert auf eine gläubige und fromme Feier des Sonntags legen, deutlich erkennbar an ihrem aktiven Mittun, einschließlich des zahlreichen Kommunionempfangs. Die

Vorabendmesse ist alles andere als eine sogenannte ‚Schnappmesse'" (J. Müller).

Die Messe am Vorabend stellt zweifellos „eine Neuerung dar. Entstanden in Notzeiten außergewöhnlicher Art, zuerst erlaubt unter einschränkenden Bedingungen … dann in einer generellen Erlaubnis für die deutschen Bistümer von Rom gestattet, hat die Vorabendmesse in den meisten Regionen einen festen Platz" gefunden (Basilius Senger). So bedeutet sie gerade für die Fest- und Sonntagsheiligung Hilfe, Gewinn und Bereicherung.

4 Meßfeier am Samstagnachmittag?

Inzwischen gibt es seit einiger Zeit in manchen Diözesen Empfehlungen oder gar Regelungen, die darauf hinauslaufen, am Samstagnachmittag möglichst keine Eucharistie zu feiern. Dafür gibt es im wesentlichen wohl zwei Gründe: die Überlastung der Priester und die mögliche Beeinträchtigung der Sonntagsfeier durch zusätzliche Messen.

Tatsächlich steht ja einer abnehmenden Zahl von Priestern ein immer größerer Bedarf an Eucharistiefeiern gegenüber, vor allem durch Gruppen innerhalb der Gemeinde. So gut es einerseits sein mag, daß die Eucharistiefeier als Mitte der Gemeinde wieder ganz deutlich geworden ist, so problematisch ist es andererseits, daß andere Gottesdienstformen wie Andachten und Wortgottesdienste zunehmend zurückgedrängt wurden. Und diese Beschränkung des gottesdienstlichen Lebens hat wohl den Eindruck aufkommen lassen, ein Priester könne unbeschränkt häufig Eucharistie feiern. Aber schon ein Beschluß der Gemeinsamen Synode der deutschen Bistümer hat Mitte der siebziger Jahre deutlich gesagt: „Ein Priester sollte höchstens dreimal am Sonntag (einschließlich der Vorabendmesse) der Eucharistiefeier vorstehen" (Beschluß „Gottesdienst" 2.4.3). In den Ostkirchen wäre eine Praxis, die den Priester täglich mehrfach zelebrieren lassen wollte, ganz undenkbar. Wenn die Eucharistie Mitte der Gemeinde ist, muß die mehrfache Eucharistiefeier an einem Tag durch einen Priester zu unguter Routine führen.

Wesentlicher ist die mögliche Beeinträchtigung des Sonntags durch eine Messe am Samstagnachmittag, die ja nicht die Eucharistiefeier des Sonntags ist. Theodor Maas-Ewerd, Professor für Liturgiewissenschaft an der Universität Eichstätt, meint dazu: „Wenn die Sonntagsmesse der Gemeinde (und auch die am Vorabend gefeierte Sonntagsmesse) wegen ihres Gewichtes und ihrer hohen Bedeutung absoluten Vorrang besitzt, wird man meines Erachtens konsequenterweise alle Meßfeiern am Samstagnachmittag aufgeben müssen." Er begründet das damit, daß die Sonntagsmesse wichtiger als eine Messe aus familiärem Anlaß, die Gemeinde wichtiger als eine einzelne Familie sei. Maas-Ewerd schlägt deshalb für Trauungsmessen und Meßfeiern aus vergleichbarem Anlaß den Freitagnachmittag vor. Bestenfalls sieht er noch den Samstagmorgen als geeignet an. Tatsächlich wäre – zumindest hin und wieder – auch die Gemeindemesse am Sonntag selbst dazu geeignet, die Feier einer Trauung aufzunehmen. „Gewiß ist es gut, daß wir die heilige Eucharistie zu allen Zeiten – morgens und mittags, nachmittags und abends – feiern dürfen, wo diese Möglichkeit aber im Falle der Meßfeiern am Samstagnachmittag mit dem Sonntagsgottesdienst konkurriert und ihn – behutsam ausgedrückt – mehr oder weniger ‚beeinträchtigt‘, da wird sie fragwürdig."

Tatsächlich ist zu fragen, ob die Meßfeier der Gemeinde für uns noch an erster Stelle der Sonntagsgestaltung steht, nach der wir die anderen Vorhaben des Sonntags planen, oder ob wir nicht zuerst alle unsere Vorhaben verwirklichen – und dann fragen, wo die „Lücke" für die Sonntagseucharistie noch bleibt. Und dann erwarten wir, daß sich der Pfarrer nach unserer Zeitplanung richtet! Ob allerdings eine „Regelung von oben" gut ist, steht auf einem anderen Blatt. Es geht wohl in erster Linie darum, daß die Gemeinden darüber ins Gespräch miteinander kommen, und ein inneres Verständnis für die Regelung gewinnen.

5 Weshalb keine „Motivmessen" am Sonntag?

Der Zusammenkunft der Gemeinde am Sonntag ist ein An-
laß vorausgegeben: der wöchentliche Gedächtnistag der
Auferstehung. Thema dieser „Eucharistiefeier ist deshalb
Gottes heilshaftes Handeln vorzeiten am Volk Israel, dann
unter Pontius Pilatus an Jesus von Nazaret, jetzt hier durch
Christus an uns, und – in Bitte und Hoffnung – bis zum
Ende der Zeiten an allen, die auf ihn schauen" (Angelus
Häußling). Diese Bindung an die Heilsgeschichte hat sich
jedoch in der Kirche manchmal so verdunkelt, daß sie
kaum mehr erkennbar war. So wurden Motive der Frömmigkeit (etwa das „Herz-Jesu"-Fest, das am Freitag der
dritten Woche nach Pfingsten begangen wird), allgemeine
wie private Anliegen (z. B. Einheit des Glaubens, Bekehrung
der Sünder) oder auch Heiligengedächtnisse in den Mittelpunkt der Messe gerückt. Wesentliches Prinzip der Neuordnung unseres Gottesdienstes war es daher, die Sonntage
von solchen Feiern freizuhalten, wenn sie nicht wirklich
von höchster Bedeutung sind. Die Gefahr einer erneuten
Verdunkelung der Sonntagsfeier droht heute nicht von
Ideenfesten und übergroßer Heiligenverehrung, sondern
von ganz anderer Seite. Da gibt es einen Weltfriedenstag,
einen Caritas-Opfertag, den Welttag der Kommunikations-
mittel, den Weltmissionstag, den Buchsonntag, den Tag der
Geistlichen Berufe, den Diaspora-Opfertag. Es ist fast zur
Selbstverständlichkeit geworden, daß an diesen Tagen
auch die Liturgie dem Informations- und Kollektenanlie-
gen „dienstbar" gemacht wird. Die Sonntagsfeier wird ver-
zweckt!

Dem eigentlichen Anlaß jeder Eucharistiefeier steht hier
das „Motiv" gegenüber. Sicher wird es immer wieder Situa-
tionen geben, die das Denken und Beten der Gemeinde so
sehr von einem ihr Leben betreffenden Ereignis her bestim-
men, daß dieses Anliegen in der gesamten Gestaltung der
Liturgie zum Ausdruck kommen muß und der mehr oder
weniger zufällige Eigencharakter eines Sonntags im Jahres-

kreis dahinter zurücktritt. Doch auch dann ist zu prüfen, ob es nicht angesichts der größeren Auswahlmöglichkeit bei Lesungen und Orationen „angebracht ist, die Meßformulare bei besonderen Anlässen seltener zu verwenden" (AEM 327). Das aber scheint auf die sich regelmäßig wiederholenden „Zwecksonntage" gerade nicht zuzutreffen.

Bestimmte Anliegen können in der Einführung, in der Predigt, in den Fürbitten, auch in den Texten zu Schuldbekenntnis und Kyrie, bei den Dankmotiven vor der Präfation und in der Einleitung zum Friedensgebet berücksichtigt werden. Darüber hinaus hat zu gelten, daß der gute seelsorgliche Zweck nicht die schlechten liturgischen Mittel heiligen darf.

6 Meßfeier – nie ohne Priester?

Nach katholischer Lehre gilt „nur jene Eucharistie als gesetzmäßig, die unter dem Bischof vollzogen wird oder durch den von ihm Beauftragten", wie es schon Ignatius von Antiochien zu Beginn des 2. Jahrhunderts sagt. Entsprechend ist die Ordination zum Bischof oder Priester die unerläßliche Voraussetzung für den Vorsitz beim Herrenmahl. Daher gibt es nach katholischer Auffassung auch im Ausnahmefall keine Eucharistiefeier ohne einen ordinierten Priester (vgl. Kap. 39). Soweit also das Weihesakrament fehlt, sieht die katholische Kirche bei den von ihr getrennten Kirchen „die ursprüngliche und vollständige Wesenheit (substantia) des eucharistischen Mysteriums nicht bewahrt" (Ökumenismusdekret des Zweiten Vatikanischen Konzils Nr. 22). Nun wird auch nach lutherischer Lehre der Gottesdienst vom ordinierten Pfarrer geleitet, ist das kirchliche Amt eine göttliche Stiftung, obwohl die Ordination üblicherweise nicht als Sakrament bezeichnet wird. Die Unterschiede zwischen den Konfessionen betreffen das Verständnis von Grund und Funktion des Amtes sowie die Weise der Amtsübertragung durch Handauflegung und unter Anrufung des Heiligen Geistes.

Sinnvoll scheint ein Blick auf den Zusammenhang zwischen Eucharistie und Priester in der frühen Kirche. Der wesentliche Zusammenhang besteht frühkirchlich zwischen Gemeinde und Gemeindeleiter und deshalb auch zwischen dem Gemeindeleiter und der Eucharistie feiernden Gemeinde. Jede Gemeinde braucht einen Leiter. Und wie im weltlichen Bereich auch üblich, werden die entscheidenden Handlungen der Gemeinschaft zeichenhaft und stellvertretend vom Leiter dieser Gemeinschaft vollzogen. Wenn die Eucharistiefeier eine der wesentlichen Darstellungen der Gemeinde ist, muß der Vorsitzende der Gemeinde auch der Vorsitzende dieser Feier sein. Und daher sagt Tertullian († nach 220) folgerichtig: „Wir empfangen das Sakrament der Eucharistie... von niemand anderem als von dem Gemeindevorsitzenden." Der Vorsteher hat das Amt der Einheit inne, also ist er auch Vorsteher im „Sakrament der kirchlichen Einheit" (Cyprian), der Eucharistie. Wer als Leiter der kirchlichen Gemeinde anerkannt ist, ist auch der Leiter der Eucharistiefeier. Zwar ist die Gemeinde das aktive Subjekt der Liturgie, doch gehört der Vorsteher dazu. Nie war aber das Ich des Vorstehers allein Subjekt der Eucharistiefeier.

Die Frage, ob ein Laie der Eucharistiefeier vorstehen durfte, ist eine anachronistische, für die frühe Kirche falsche Problemstellung. Zwar sagt der erste Clemensbrief um das Jahr 100, daß neben dem Bischof oder Priester auch „andere hervorragende Leute mit Billigung der ganzen Kirche" den Vorsitz führen können, doch ist eben die Annahme des Vorstehers durch die Kirche das entscheidende Element. Die Billigung durch die eigene Gemeinde wie die Zustimmung durch andere Gemeindevorsteher gehört von früh an dazu, damit einer Gemeindevorsteher sein kann. Der Vorsteher hat dann aber auch den Vorsitz bei der Eucharistie zu übernehmen. Historisch wird dies an die Priesterweihe gebunden.

Tatsächlich vollzieht sich in der katholischen Kirche des Westens insofern ein Wandel im Bewußtsein, als die Eucharistiefähigkeit an die Priesterweihe gebunden wird. Mehr und mehr schwindet das Wissen darum, daß das Recht auf Eucharistie bei der Gemeinde liegt, allerdings immer unter ihrem Vorsteher. Das Konzil hat diese Sicht zurückzugewinnen versucht. So gehört nach katholischer Lehre heute beides zusammen: Gemeinde und Priester. Daher darf ein Priester nur noch in Ausnahmefällen die Eucharistie ohne Gemeinde feiern. Vermieden wurde glücklicherweise bei der Eucharistie auch, was für andere Sakramente gilt: Nie durfte der Priester sagen „Ich sage dir, Brot: du bist der Leib Christi." Für die Taufe beispielsweise gilt das durchaus: „Ich taufe dich…" Immer ist das ganze Hochgebet mit allen seinen Elementen erforderlich gewesen, damit sich die Wandlung der Gestalten von Brot und Wein wie darin der ganzen Gemeinde vollzieht (vgl. Kap. 36–38).

7 Können priesterlose Gottesdienste die Meßfeier ersetzen?

Das Herrenmahl ist Mittelpunkt der christlichen Gemeinde, die seit den Zeiten der ersten Christen bis heute dazu Sonntag für Sonntag zusammenkommt. Nur in Notzeiten, wenn ein Gemeindeleiter nicht zur Verfügung stand, feierte sie statt der Eucharistie einen Wortgottesdienst.

Seit einiger Zeit herrscht nun auch in unseren Gemeinden hier und da eine solche Notsituation. Wo ein Priester nicht zur Verfügung steht, wird nun aber nicht wie vordem ein reiner Wortgottesdienst gehalten, sondern es werden Wortgottesdienste mit Kommunionfeiern an Stelle der Eucharistiefeier empfohlen.

Und damit führen wir hierzulande eine kirchengeschichtliche Neuerung ein. Sicher hat es immer schon die Kommunionspendung außerhalb der Messe gegeben, so wenn die Eucharistie von der Feier der Gemeinde an

Kranke überbracht wird. Eine sonntägliche Kommunionfeier ohne Priester macht aber einen Grenzfall zu einem normalen Vorgang und fördert eine Kommunionfrömmigkeit, „die von der Liturgischen Bewegung bis hin zur nachkonziliaren Liturgiereform und entsprechenden theologischen Bemühungen zugunsten eines integralen und vom Vollzugsganzen des Herrengedächtnisses, des Pascha-Mysteriums, getragenen Verständnisses der Eucharistiefeier mittlerweile überwunden zu sein schien" (Arno Schilson).

Die Gemeinde hat ein Recht auf die sonntägliche Herrenmahlfeier, die eben aus mehr als „nur" der Kommunion mit vorkonsekrierten eucharistischen Gestalten besteht. Die Ausweitung von Kommunionfeiern mag zwar momentan den bestehenden Priestermangel überdecken, doch sind Priester eben nur durch Priester zu ersetzen und ebenso die Eucharistiefeier nur durch eine Eucharistiefeier und keine Ersatzform.

„Längerfristig bleibt freilich zu fragen, ob sich jene zahlreichen Männer, die bisher als anerkannte Leiter solcher priesterlosen Gottesdienste fungieren, nicht faktisch als solche Bezugspersonen einer Gemeinde bewährt haben, also tatsächlich ‚viri probati' sind, die ihrer Funktion nach sich längst für eine dieser Aufgabe entsprechende Ordination zur Gemeindeleitung und so auch zum Vorsitz bei einer Eucharistiefeier qualifiziert haben" (ders.).

In den letzten Jahren hat es über die Verlaufsform von Sonntagsgottesdiensten ohne Priester in den betroffenen Gemeinden, aber auch unter Liturgiewissenschaftlern hitzige Diskussionen gegeben. Heute scheint anerkannt, daß es verschiedene Möglichkeiten gibt. Für die Kommunionspendung gilt wohl, daß sie weder selbstverständlich mit diesem Gottesdienst verbunden sein noch grundsätzlich ausgeschlossen werden muß. Der Maßstab dafür kann nur die gesamte pastorale und liturgische Situation in der Gemeinde sein. Wo die Entscheidung für einen Wortgottesdienst mit Kommunionspendung fällt, müssen die Elemente dieser Liturgie sorgfältig zusammengestellt werden. Dabei gibt es kaum Probleme beim Wortgottesdienst selbst, der ja weitgehend nach dem Modell des Wortgottesdienstes der Meßfeier gestaltet werden kann, ohne daß alle Einzelheiten übernommen werden müßten. Wichtig sind sicherlich ein Eröffnungsgebet und die Lesungen.

Beim Kommunionspendungsteil muß vor zwei Extremen gewarnt werden. Weniger hierzulande als in anderen Ländern gab es die Form, daß der gesamte Eucharistieteil der Messe außer Gabenbereitung und Einsetzungsworten zwischen Wortgottesdienst und Kommunion eingeschoben wurde. Damit wurde einmal der Eindruck erweckt, als handele es sich um eine Messe, zum anderen, als käme es bei der Wandlung der Gaben allein auf die Einsetzungsworte an.

Eine andere Form sieht vor, daß nach den Fürbitten zum Schluß des Wortgottesdienstes die Hostienschale auf den Altar gestellt, das Vaterunser gebetet und der Kommunionteil der Messe angeschlossen wird. Letzteres ist eine an sich mögliche und wohl auch weitverbreitete Form, wird aber den Erfordernissen einer Liturgiefeier am Sonntag nicht gerecht. Zwar kann hierbei kaum das Mißverständnis auftauchen, daß der Leiter der Liturgie, ein Laie oder ein Diakon, eine Messe feiere, denn es fehlen ja sowohl Gabenbereitung als auch das Eucharistische Hochgebet. Doch kommt auch vieles von dem, was die Sonntagsliturgie prägt, nicht zum Ausdruck: die Kommunionvorbereitung kommt etwas zu kurz; der Bezug der Kommunion auf die Meßfeier tritt nicht genügend in Erscheinung; Lob, Preis und Dank, wovon das Hochgebet erfüllt ist und was notwendig zu einer Eucharistie (*der* Danksagung der Gemeinde am Sonntag überhaupt) gehört, fallen weithin aus; und es entsteht möglicherweise wieder die Gefahr einer isolierten Kommunionfrömmigkeit, die durch die Liturgiereform mit ihrer engen Verbindung von Herrenmahlfeier und Empfang der Eucharistie überwunden werden sollte. „Die Lösung könnte darin bestehen, in diesen gottesdienstlichen Versammlungen einen mittleren Teil vorzusehen, der zwischen dem Wortgottesdienst und der Kommunionspendung eingefügt ist und die bestehenden Defizite auszugleichen versucht", schlägt neuestens der Paderborner Liturgiker Heinrich Rennings vor. So ganz neu ist der Vorschlag nicht, denn schon das „Gotteslob" sieht (Nr. 370) nach dem Wortgottesdienst und vor der Kommunion ein Gemeindegebet vor mit den Stichworten: Lob – Dank – Buße – Bitte – Lobpreis; und im Kommunionteil wird vor dem Vaterunser der brüderlichen Gemeinschaft der Versammelten gedacht. Doch sind die Texte recht willkürlich ausgewählt. Zudem erfährt die eucharistische Gabe kaum Beachtung. Hierfür schlägt Rennings nun als Mittelteil ein „Sakramentslob" vor. Nach dem Wortgottesdienst kann erwähnt werden, weshalb keine Eucharistiefeier stattfinden kann, es wird auf die Verbindung mit der Meßfeier beziehungsweise der Gemeinde hingewiesen, von der die zu empfangende eucharistische Gabe kommt. Anschließend wird das Sakrament vom Ort der Aufbewahrung zum Altar übertragen. Darauf folgt das eigentliche Sakramentslob, bestehend aus Vorstehergebet, Wechselgebet mit der Gemeinde, Gesängen und Stille. Es enthält Aussagen des sonntäglichen Danksagens, des Lobens und Preisens für das österliche Heilswerk. Auch die Anbetung sollte nicht fehlen, denn hier, wo die eucharistische Speise anschließend empfangen wird, hat sie ihren sinnvollsten Ort. Dieses Sakramentslob greift wie der Sonntagsgottesdienst ohne Priester Praktiken auf, die aus der Tradition bekannt sind. Wir müssen versuchen, ihnen eine unserer Zeit angemessene Gestalt zu geben.

8 „Gruppenmesse" – ist das etwas anderes?

Gruppenmesse, Messe im kleineren Kreis, Familien- oder Hausmesse – das alles sind Namen für eine Form der Eucharistiefeier, für die es im Meßbuch selbst keine Hinweise gibt, da das Meßbuch ja den Normalfall einer Großgemeinde voraussetzt. Für „Sonderfälle", zu denen auch Kindermessen oder Meßfeiern mit Behinderten gehören, gibt es zumeist eigene Richtlinien, die leider nicht immer bekannt sind. So haben die deutschen Bischöfe schon 1970 Hinweise für derartige „Gruppenmessen" gegeben, die davon ausgehen, daß in einem kleinen Kreis unter Beibehaltung der Grundstruktur der Messe, Vereinfachungen und Anpassungen an die kleine Gemeinschaft notwendig und wünschenswert sind. Das gilt ganz besonders für Gottesdienste mit Kranken. Gerade für die Situation der Krankheit ist die Hausmesse mit Verwandten und Nachbarn in erster Linie gedacht. Das Sitzen um einen Tisch bringt dabei die Gemeinschaft mit dem Auferstandenen und der Teilnehmer untereinander gut zum Ausdruck. Wer dies einmal erleben durfte, wird das nicht leicht vergessen. So ist es in der Diaspora der DDR ganz üblich, daß nach dem eucharistischen Mahl das gemeinsame Gespräch und die Agape im gemeinsamen Kaffeetrinken die christliche Gemeinschaft erkennen lassen. Ein Gebet und Segen stehen vor dem Auseinandergehen. Für den kleinen Kreis ist die große Kirche also ungeeignet; besser ist ein kleiner Raum, der einer Gruppenfeier eher entspricht.

Vereinfachungen gelten auch für die liturgische Kleidung. In gottesdienstlichen Räumen soll der Priester, um seine Rolle als Vorsteher zu verdeutlichen, ein Meßgewand tragen. Doch genügt in besonderen Fällen auch eine Stola, was wohl dem Sitzen um einen Tisch besser entspricht. Der Tisch sollte festlich geschmückt sein, also durch Kreuz, Kerzen und Blumen, um die Eucharistiefeier von einem gewöhnlichen Mahl zu unterscheiden. Für die Gebete gilt, daß der Zelebrant „unter Wahrung des Grundgedankens der Vorlage sein Gebet so formulieren kann, daß es den Bedürfnissen einer heutigen Feier besser entspricht". Diese weitgehende Vollmacht bedeutet faktisch, daß die priesterlichen Gebete frei formuliert werden können, wobei allerdings das Hochgebet ausgenommen wird. Doch können und sollen bei der Präfation nach dem Ruf „Erhebet die Herzen" – „Wir haben sie beim Herrn" aktuelle Motive der Danksagung, die diese hier versammelte Gemeinschaft betreffen, von den Gläubigen eingefügt werden.

Die Eröffnung hat die Aufgabe, die Zusammengekommenen zu einer Gemeinschaft zu verbinden. Wenn diese Voraussetzung schon gegeben ist, etwa durch ein voraufgehendes Zusammensein, genügen Kyrie und Tagesgebet für die Liturgie. Der Wortgottesdienst muß immer eine Lesung aus den Evangelien enthalten. Die Predigt kann in einem geistlichen Gespräch bestehen, das auch vor der Feier denkbar ist. Die Fürbitten werden in der Regel spontan formuliert und vom Priester durch ein Gebet abgeschlossen. Die Kommunion soll durch zwei Zeichen besonders betont werden: das Brotbrechen und den Empfang unter beiden Gestalten. Es heißt dazu: „Das Brotbrechen, das in apostolischer Zeit der Eucharistiefeier ihren Namen gab, bringt die Einheit aller in Christus in dem einen Brot wirksam und deutlich zum Ausdruck. Ebenso ist es ein Zeichen brüderlicher Liebe, da dieses eine Brot unter Brüdern geteilt wird." Das setzt voraus, daß ein Brot verwendet wird, das sich auch wirklich brechen läßt für alle Teilnehmer. Für die Kelchkommunion ist in einem kleinen Kreis wohl das Trinken aus dem einen Becher besonders geeignet, soweit das praktisch möglich ist. Für den Segen bieten sich erweiterte Textfassungen an, die der Situation gut entsprechen.

Falls anschließend ein profanes Mahl gehalten wird, soll es sich von der Eucharistie deutlich abheben.

Christen, die an einer solchen Feier teilnehmen, werden dank dieser in „der Geschichte der katholischen Liturgie unerhörten Flexibilität leichter in jener Gedächtnisfeier zusammenwachsen, deren erste Feier ja schließlich auch (und nicht zufällig) eine Gruppe um den Tisch des Abendmahlssaales versammelt hat" (Balthasar Fischer).

9 Ministrantinnen – umstritten?

Die Instruktion „Inaestimabile Donum" der Römischen Kongregation für die Sakramente und den Gottesdienst von 1980 hat die Diskussion über die liturgischen Dienste der Frau wieder aufleben lassen, denn darin wird festgehalten, daß Frauen „die Funktion eines Akolythen (Meßdieners)" nicht gestattet ist. Tatsächlich galt wenigstens bis zum Konzil von Trient der Altardienst als Klerikerdienst, so daß von daher die Frage nach Ausübung durch Frauen gar nicht erst aufkommen konnte. So schien es folgerichtig, wenn das kirchliche Gesetzbuch von 1918 anordnete, daß eine Frau nur dann, wenn keine männliche Person zur Verfügung steht, den Ministrantendienst ausüben dürfe, allerdings nicht im Altarraum.

Nun liegt aber die vorrangige Bedeutung der Liturgiereform in dem Bemühen, die Liturgie zur Feier der ganzen Gemeinde werden zu lassen. Laien üben daher ihre Dienste als Sänger, Lektoren oder Ministranten nicht mehr, wie man zuvor noch meinte, als vom Klerus „delegiert" aus, sondern sie haben als Getaufte „Amt und Recht" (LK 14), „in der Ausübung ihrer Aufgabe" alles das zu tun, „was ihnen aus der Natur der Sache und gemäß den liturgischen Regeln zukommt" (LK 28). Die Gemeinsamkeit der Würde aufgrund der Taufe und der damit gegebene Anteil am gemeinsamen Priestertum aller Gläubigen kommt so Mann und Frau in gleicher Weise zu.

Aufgrund dieses Priestertums aller Getauften ist es theologisch unbestritten, daß auch Frauen einen „wahrhaft liturgischen Dienst" ausüben. Es besteht neuerdings wieder die Gefahr, daß Theologie und Recht auseinanderfallen. Eine theologische Erkenntnis muß eine entsprechende Praxis nach sich ziehen, also auch für den Ministrantendienst für Frauen und Mädchen. Es wäre verhängnisvoll, wenn Priester nur „schlechten Gewissens" Ministrantinnen an den Altar ließen. Mit der Reform wurden ganz bewußt die „niederen Weihen" zum Ostiariat, Lektorat, Exorzistat, Akolythat und Subdiakonat – jeweils Vorstufen zum Priesteramt – abgeschafft, weil diese Dienste eben allein aufgrund der Taufe von Laien ausgeübt werden können. Zwar gibt es die Möglichkeit einer Beauftragung zum Lektoren- und Akolythendienst, die „gemäß der ehrwürdigen Tradition der Kirche" nur Männern offensteht. Doch scheint diese Einschränkung theologisch nicht gerechtfertigt.

Wenn feststeht, daß liturgische Dienste wahrhafte Dienste für Laien sind, und dies gegebenenfalls auch durch eine nicht-klerikale Kleidung zum Ausdruck kommt, kann dem Ministrantendienst von Frauen nichts im Wege stehen. Daß es auch pastoral verhängnisvoll wäre, die in deutschen Landen weitverbreiteten Ministrantinnen wieder abzuschaffen, steht auf einem anderen Blatt, ist aber durchaus ein Argument zur Änderung eines durch die Praxis überholten Rechts.

Die lange vertretene Auffassung, der Ministrantendienst sei eine Klerikeraufgabe, ließ kaum den Gedanken aufkommen, daß weibliche Personen als Stellvertreter des Klerus ministrieren könnten. Doch mit dem Konzil ist eine lange historische Entwicklung abgeschlossen: Laien als Ministranten sind kein Ersatz für Kleriker; sie üben einen echten Laiendienst aus, einen liturgischen Dienst, der aufgrund des allgemeinen Priestertums aller Getauften auch den Frauen offenstehen muß. Das ergibt sich auch aus anderen nachkonziliaren Neuregelungen hinsichtlich des liturgischen Dienstes der Frauen im Altarraum und am Altar.

In der Einführung des Meßbuches wird es als wünschenswert und sinnvoll bezeichnet, wenn die Gläubigen Brot und Wein bei der Eucharistiefeier herbeibringen (AEM 49). Niemand hat bislang bezweifelt, daß dies auch Frauen tun können. Für die Trauungsmesse wird eigens darauf hingewiesen, daß die Braut die Gaben zum Altar tragen kann.

Besonderes Gewicht aber hat die 1968 erstmalig erteilte Erlaubnis, daß Frauen bei der Kommunionausteilung mithelfen können. Die Beschreibung des Ritus für diese Mithilfe läßt keinen Zweifel daran, daß ein Teil dieses Dienstes der Kommunionhelferin bei der Austeilung innerhalb der Meßfeier wie außerhalb der Messe (zum Beispiel bei Überbringung der Krankenkommunion oder bei einem Wortgottesdienst mit Kommunionfeier dort, wo eine Messe nicht möglich ist) am Altar vollzogen wird.

Ganz Ähnliches gilt für die Wortverkündigung. Frauen versehen den Lektorendienst sowie – mit bischöflicher Genehmigung – den Predigtdienst. Da es bei der Sakramentenspendung wie bei der Verkündigung des Gotteswortes aber um die unter theologischer Rücksicht zweifellos dichtesten Funktionen geht, ist das bisherige Prinzip in seinem Kern erschüttert. Warum auch sollte Frauen bei theologisch weniger hochrangigen Diensten innerhalb der Meßfeier der Zugang zum Altarraum verwehrt werden? Nur hingewiesen werden soll darauf, daß in bezug auf die Zulassung der Frauen zum sakramentalen Diakonat gleichfalls eine breite Konsensbildung im Gange ist.

Nachdem die Gemeinden in den vergangenen Jahren in steigendem Ausmaß solche liturgischen Dienste der Frau am Altar erlebt haben, dürfte es kaum möglich sein, noch einsichtig zu machen, warum etwa das Herbeibringen des Meßbuches oder von Wasser und Handtuch zur Händewaschung nach der Gabenbereitung unseren Mädchen und Frauen nicht erlaubt werden sollte.

10 Was „kostet" eine Messe?

Die Geldgabe, die auch heute noch üblich ist, wenn eine Eucharistiefeier mit einem bestimmten Anliegen verbunden werden soll, ist ein Zeichen, das heute – wie so viele Zeichen in der Liturgie – verkümmert ist. So kann es das, was es bezeichnet, nicht mehr oder doch kaum noch deutlich machen. Übrig bleibt oft nur das Ärgernis, daß in der katholischen Kirche „das Heiligste, was wir besitzen, das Vermächtnis des Meisters, so eng mit Geld verquickt ist, daß man für Geld Messen bestellen, manche meinen sogar: bezahlen kann" (Balthasar Fischer). Tatsächlich gibt es seit unvordenklichen Zeiten den Brauch, Messen vor allem für Verstorbene „zu bestellen", indem eine Geldgabe, das sogenannte Meßstipendium, dem Priester übergeben wird. Und das hatte in der Zeit der Naturalwirtschaft seinen guten Sinn: aus den von den Gläubigen im „Opfergang" zum

Altar gebrachten Gaben wurde ausgesondert, was für die Feier der Eucharistie benötigt wurde; was übrigblieb, diente dem Unterhalt der Armen und der Priester, so wie es schon Paulus bestimmt hat (vgl. zur Liebesgabe am Sonntag 1 Kor 16,1–4; zur Gabe für die, „die am Altar Dienst tun", 1 Kor 9,13 ff.).

„Eigentlich war das ein wunderbarer Gedanke: die Armen und die Priester leben von dem, was die Gläubigen nicht ihnen, sondern dem Herrn gegeben haben, der ja in besonderer Weise im Armen und im Geweihten unter uns lebt. Und noch ein anderes: durch Weggeben und Verzichten ermöglicht der Gläubige die Feier der Messe und die Hineinnahme seiner Anliegen in dieses größte und wirksamste Fürbittgebet, das die Kirche kennt" (Balthasar Fischer).

Der erste Grund gilt sicher auch heute noch: wer seine Anliegen vor Gott tragen will, wird dies gern nicht nur mit seinen Gedanken und Gebeten, sondern auch mit einem fühlbaren Verzicht, mit dem Eintreten für andere verbinden. Dort, wo gefeiert wird, muß auch derer gedacht werden, an die der Herr selbst immer zuerst gedacht hat, der Armen und Leidenden. Nur so ist zu erklären, daß bei den Aktionen „Adveniat", „Misereor" oder auch „Brot für die Welt" gerade in der Feier der Liturgie diese großen Hilfsleistungen ermöglicht werden.

Schwieriger ist es mit dem zweiten Grund, denn für die Priester ist heute hierzulande zumindest anderweitig gesorgt. Im Weltmaßstab sieht das allerdings ganz anders aus. Wo es wie etwa in Polen keine Kirchensteuer gibt, leben die Priester nach wie vor von den Gaben ihrer Gemeinden: in reicheren Gemeinden also gut, in armen oft recht schlecht. Hier müßte bei uns nun unbedingt deutlich werden, daß dieses Geld nicht für die Privatschatulle des Klerus verwendet wird. Hinzu kommt ja, daß in großen Gemeinden gar nicht so viele Messen gefeiert werden, daß jedes Anliegen in einer eigenen Eucharistiefeier zum Tragen kommt. Mehrere Anliegen müssen also mit einer Messe verbunden werden.

Es gibt Gemeinden, die hierfür eine sinnvolle Lösung gefunden haben. So werden etwa in einer Gemeinde alle Totengedächtnisse in einer monatlichen Meßfeier zusammengefaßt, wobei die Namen all derer genannt werden, derer gedacht wird. Es ergibt sich so etwas wie eine monatliche Allerseelenmesse. Zuvor wird angekündigt, wofür die (freiwilligen) Geldgaben bestimmt werden. Anderswo hängt ein Kästchen in der Kirche, in dem Zettel mit Anliegen und Gaben in beliebiger Höhe eingeworfen werden können. Einmal im Monat gibt es einen Anliegengottesdienst, in dem all der genannten Anliegen gedacht wird. An dem Kästchen steht, wofür die Gaben ohne jeden Abzug jeweils gespendet werden.

So kann dieses Geld auch heute noch ein gültiges Zeichen sein: ein Zeichen dafür, daß über der Verbindung mit Gott in der Eucharistiefeier die Verbindung mit denen, in denen uns der Herr begegnet, nicht vergessen wird. Wichtig ist dabei, daß niemand meint, es genüge, eine Messe „zu bestellen", den „Rest" werde dann schon der Pfarrer erledigen. Es muß selbstverständlich sein, daß der, der ein Anliegen hat, als Mitbetender und Mitdarbringender und somit Träger der Liturgie auch in „seiner" Eucharistiefeier anwesend ist.

Ein Meßstipendium darf nur für eine Messe genommen werden, die dann auch in diesem Anliegen gefeiert werden soll. Das heißt zugleich, daß die *sonntägliche* Gemeindeeucharistie davon ausgenommen sein muß, da diese ja für die ganze Gemeinde gefeiert wird. Solange es also nur einen Gottesdienst am Sonntag in jeder Gemeinde gab, durfte dafür auch kein privates Anliegen angegeben werden, da es ja um die ganze Gemeinde ging. So ist es noch heute in den Ostkirchen, die nur einen Altar und auch nur eine Eucharistiefeier in jeder Gemeinde am Sonntag kennen. Der berechtigte Wunsch der Gläubigen, ihre Beteiligung spürbar zum Ausdruck zu bringen, wird dort durch die Möglichkeit erfüllt, während der Zurüstung von Brot und Wein – der Gabenbereitung im Westen vergleichbar – Gaben mit einem Gebetswunsch abgeben zu können.

Da es aber nach der Neuordnung der Liturgie in der Regel keine „Privatmessen" mehr gibt, die Eucharistie immer mit der versammelten Gemeinde und für diese begangen wird, gibt es zumindest an Sonn- und Feiertagen auch keine Möglichkeit mehr, zwischen der *einen* Messe für die Pfarrgemeinde und den anderen Sonntagsmessen zu unterscheiden. Tatsächlich wird es aber weithin so sein, wie ich es aus der Dekanatsbeilage meines Bistumsblattes ersehe: da gibt es Pfarrnachrichten, in denen sogar bei allen Sonntagsmessen Meßintentionen angegeben sind; bei den meisten wird nur bei einer Messe gesagt, daß sie für die ganze Gemeinde bestimmt sei. Dabei sollte doch selbstverständlich sein: „Wenn die Größe einer Pfarrei am Sonntag neben dem Pfarrgottesdienst weitere öffentliche Meßfeiern notwendig macht, sollte für diese gleichfalls kein Stipendium genommen werden, damit sie als Feiern der versammelten Gemeinde (nicht der bestellenden Familie) in Erscheinung treten" (Rupert Berger).

Darüber hinaus wäre aber zu fragen, ob nicht auch außerhalb des Sonntags die Messe für die Gemeinde und damit ohne weitere Intention und Stipendium gefeiert werden müßte, „wenn die Gemeinde oder eine bedeutende Gruppe aus ihr (zum Beispiel bei Schulmessen) in größerer Zahl anwesend ist, etwa an Epiphanie, wo das Fest nicht mehr geboten ist, oder am 1. Mai, zu Allerseelen, bei Bischofsvisitationen, wenn der Bischof zelebriert usw." (Emil J. Lengeling). Mit anderen Worten: immer dann, wenn es sich um Gemeinde handelt und nicht um eine kleine Gruppe, die ausschließlich in einem bestimmten Anliegen zusammenkommt (zum Beispiel Totengedächtnis), müßte endlich auch die rechtliche Folgerung aus der Bedeutung der Eucharistiefeier als Mitte und Höhepunkt des Lebens einer Gemeinde gezogen werden und die private Meßintention entfallen! Die ostkirchliche Praxis könnte hier Vorbild sein: die besonderen Anliegen werden dem Priester mitgeteilt und dann in den Fürbitten genannt, eine Gabe dafür wird dann während der Feier nach eigenem Gutdünken etwa in einen bestimmten Opferstock gelegt. Die Frage scheint wichtig genug, daß sie endlich amtlich geregelt wird!

11 Hochamt – gibt es das noch?

Vor der Liturgiereform wurde die gesungene Meßfeier (Missa in cantu) von der gesprochenen (Missa recitata) unterschieden. Es gab einerseits das lateinische Amt, die Hochform der Meßliturgie, bei der Priester, Chor und gegebenenfalls auch die Gemeinde die ihnen jeweils zukommenden Teile gesungen haben. Andererseits war die Messe ohne Gemeindebeteiligung üblich, bei der in einem ungegliederten Gottesdienst, gewissermaßen einem „Ein-Mann-Betrieb", der Priester ohne eigentliche Gemeindebeteiligung die Messe „las". Die Liturgische Bewegung stützte sich zu Beginn unseres Jahrhunderts eigentümlicherweise auf diese gelesene Messe, indem zuerst einmal alle, Priester und Gemeinde, alle Meßtexte gemeinsam lasen. Erst in den dreißiger Jahren wurde erkannt, daß dies nicht sinnvoll sein kann, daß unterschieden werden muß zwischen Teilen, die dem Vorsteher der Gemeindeversammlung zukommen, und Teilen der Gemeinde selbst. Als Anknüpfungspunkt für diese Erkenntnis diente das Amt, bei dem ja immer schon eine Aufgabenteilung erfolgt war.

So entstand das Deutsche Hochamt, bei dem im Unterschied zur gelesenen Messe Gesang und Gebet, Hören und Stille, überhaupt die einzelnen Elemente und Funktionen in der Liturgie voneinander unterschieden wurden. Dies war eine wichtige Voraussetzung für die Liturgiereform des Konzils.

Der Begriff Hochamt meinte dann im allgemeinen, daß das Ordinarium, die gleichbleibenden Teile der Messe wie Kyrie, Gloria, Credo, Sanctus, Agnus Dei, immer zu singen sind. Gesungen werden konnte auch das Proprium, die täglich wechselnden Teile der Messe: Introitus, Zwischengesänge und die Gesänge zur Gabenbereitung wie Kommunion, oft die Orationen und das Evangelium, zumeist auch die Präfation.

Diese Scheidung in „Missa in cantu" und „Missa recitata" wurde 1967 durch die Musikinstruktion „Musicam sacram" aufgehoben, die den geradezu revolutionären Grundsatz aufstellt: „Zwischen der feierlichen Hochform des Gottesdienstes, in der alles, was den Gesang verlangt, auch wirklich gesungen wird, und der schlichtesten Form, bei der überhaupt nicht gesungen wird, sind verschiedene Zwischenstufen möglich, je nachdem, wieviel gesungen wird" (Artikel 7). Ziel dieser Neuerung war es nicht, der Hochform Abbruch zu tun, sondern im Gegenteil die Zahl der Messen, in denen Priester und Gemeinde oder auch der Priester allein überhaupt nicht singen, möglichst zu vermindern. Zwar gab es damals im deutschen Bereich schon die Betsingmesse, in der vornehmlich Kirchenlieder einander abwechselten: Während der Priester „seinen Teil" für sich las, sang die Gemeinde. Diese Form ist heute völlig unzureichend, weil sie die Struktur der Liturgie einebnet, denn die Gemeinde übernimmt nicht ihren Teil, sondern meditiert mit Liedern den vom Priester allein gefeierten Gottesdienst.

Das neue Meßbuch kennt daher nicht mehr die Scheidung zwischen Amt und gesprochener Messe, auch nicht mehr die Betsingmesse. Für den Gesang in der Messe gilt nun das Prinzip der „gestuften Festlichkeit". Dabei soll im Gemeindegottesdienst mit Vorzug gesungen werden, doch kann je nach Situation auf einzelne Gesänge oder auf Gesang überhaupt verzichtet werden. „Bei der Auswahl der Teile, die gesungen werden sollen, sind die wichtigeren zu bevorzugen, vor allem jene, die... im Wechsel mit der Gemeinde oder vom Priester mit der Gemeinde zusammen gesungen werden" (AEM 19). Vor allem verlangen die Akklamationen (Zurufe, Gemeinderufe), darunter auch das Sanctus und die Akklamation der Gemeinde nach den Einsetzungsworten des Hochgebetes, nach Gesang, möglichst auch der Antwortgesang zu den Lesungen.

Eine feste Regel gibt es also nicht mehr, womit auch der Begriff „Hochamt" überholt ist. Damit ist aber keine „Willkür" ermöglicht, sondern es sollte je nach der Situation entschieden werden, was gesungen wird. Dabei stehen die wichtigsten, oben genannten Teile an erster Stelle.

12 Konzelebration – ja oder nein?

Die heutige Konzelebrationspraxis, die auch bei Priestern manchmal auf Ablehnung stößt, scheint nicht ganz problemlos zu sein. In einer Anfrage heißt es: „In meiner Jugend (Jahrgang 01) wäre eine solche Schaustellung undenkbar gewesen, denn da genügte ein Priester, obwohl man mehr hatte als heute." Nun, selbst angesehene Liturgiker lehnten die Konzelebration bei ihrer Einführung 1965 mit dem Argument ab: Priesterliche Akte Christi können nicht kollegial ausgeführt werden! Dagegen stand aber schon immer die Erfahrung, daß Akte des Lehr- und Hirtenamtes kollegial erfolgen können, so etwa Konzilsbeschlüsse. Was dort möglich ist, muß aber auch in der Liturgie möglich sein, die zeichenhaft zum Ausdruck bringt, was in der Gemeinde Christi geschieht. Hier wie da wird „an Stelle Christi" gehandelt. Doch auch die Tradition spricht für die Konzelebration.

In der frühen Kirche kam – wie noch heute im Osten – die Gemeinde am Sonntag nur einmal zur Eucharistiefeier zusammen. War ein Presbyterium, also mehrere Priester, vorhanden, konzelebrierten sie gemeinsam, während allerdings der Hauptzelebrant allein das Hochgebet sprach. Das war schon deshalb nicht anders möglich, weil der Wortlaut der Gebete nicht festlag. So bezeugen es verschiedene Liturgien für die Zeit vom 2. bis zum 9. Jahrhundert. Ein gemeinsames Sprechen ist für den römischen Ritus erst seit dem 9. Jahrhundert bezeugt und setzt sich etwa für die Konzelebration von Priester- und Bischofsweihen erst im 13. Jahrhundert durch. Das kollegiale Handeln kommt also nicht im Sprechen, sondern im gemeinsamen zeichenhaften Handeln zum Ausdruck. So legen die neben dem Hauptzelebranten anwesenden Bischöfe und Priester bei Weihen zum Beispiel dem Weihekandidaten stillschweigend die Hände auf. Übrigens gibt es auch im profanen Bereich Vergleichbares: bei kollegialen richterlichen Akten spricht nur der Vorsitzende das Urteil, während die anderen durch ihr Dabeistehen ihr Mitwirken ausdrücken.

Diese stillschweigende Konzelebration war Ausdruck der Einheit der Ortskirche. Sie ging verloren im Mittelalter, als die Eucharistiefeier immer weniger als Gemeindefeier, dafür um so stärker als Aufgabe des Klerus gesehen wurde, der das Volk nur noch beiwohnte. Nun hieß es, je mehr Messen, desto besser, denn um so mehr Gnade. So zelebrierte jeder Priester nach Möglichkeit täglich und das oft ohne Gemeinde. In Klöstern führte das zu einer solchen Vielzahl von Messen, daß oft die ohnedies vielen Altäre nicht mehr ausreichten. Wichtig war nicht mehr die Feier insgesamt, sondern nur noch das, worauf es allein anzukommen schien: die Wandlung. Jeder Priester wollte seine „Konsekrationsvollmacht" ausüben. Und so verschwand die Konzelebration allmählich, weil ihr Fundament, die Verbundenheit von Bischof, Priester und Volk zur einen Gemeinde, im Bewußtsein der Zeit verblaßte.

Als die Liturgiereform die Eucharistie wieder als Feier der ganzen Gemeinde betonte, mußte eine Vielzahl von täglichen Messen vor allem in Klöstern ohne Gemeinde als Ärgernis erscheinen. Daher sieht die Einführung ins Meßbuch überall dort, wo mehrere Priester zusammenkommen – in der Chrisammesse am Gründonnerstag in der Bischofskirche, bei Meßfeiern anläßlich von Konzilien, Priesterversammlungen oder Weihen, vor allem aber in Klöstern –, anstelle einer Vielzahl von Messen die Konzelebration vor. Leider konnte man sich nicht dazu entschließen, auch in der äußeren Form wieder die stillschweigende Teilnahme aller Priester einzuführen. Zwar sollen die Konzelebranten ihre Teile „mit leiser Stimme" und nur der Hauptzelebrant laut und vernehmlich sprechen, doch scheint dies ein unguter Kompromiß zu sein. So ist die Konzelebration – übrigens nicht nur bei der Meßfeier, sondern auch bei der Sakramentenspendung – unter bestimmten Umständen wohl sinnvoll, doch müßten sicher Verbesserungen bedacht werden, die auch von der Klärung theologischer Fragen abhängen.

13 Welche Körperhaltung bei der Meßfeier?

Für die Körperhaltung der Gemeinde gibt es im Meßbuch außerordentlich wenige Regeln. Und das ist verständlich, wenn bedacht wird, daß das Meßbuch ja für die Gemeinden in der ganzen Welt entworfen wurde. Die Allgemeine Einführung widmet dieser Frage nur einige Zeilen (AEM 20–22), die vor allem deutlich machen, daß die „einheitliche Körperhaltung aller Versammelten ein Zeichen ihrer Gemeinschaft und Einheit" ist und dadurch „die geistige Haltung und Einstellung der Teilnehmer" ausgedrückt und gefördert wird. Es bleibt daher Aufgabe der einzelnen Länder, diese Grundregeln „dem Empfinden des jeweiligen Volkes anzupassen, jedoch so, daß sie dem Sinn und der Bedeutung der einzelnen Teile der Feier entsprechen".

Im *Stehen* kommt die Ehrfurcht, aber auch die Freude zum Ausdruck, die Bereitschaft zum Hören und zum Aufbrechen. Es ist die Haltung der Wachehaltenden. So ist dies für die junge Christenheit die normale Haltung bei Gebet und Gottesdienst (Lk 18,11; 22,46). Zugleich wird in diesem Stehen die verheißene Zukunft gegenwärtig ergriffen (Offb 7,9). Das Knien ist daher für den Sonntag, für die fünfzig österlichen Tage bis Pfingsten und für die Eucharistie geradezu verboten. In den Liturgien des Ostens fordert der Diakon vor entscheidenden Punkten des Gottesdienstes die Gemeinde auch heute noch zum gemeinsamen ehrfürchtigen Stehen auf. Erst mit dem Wandel des Verständnisses im Westen hin zu einer Klerikerliturgie, an der die Gläubigen nicht mehr aktiv teilnehmen, wird das Stehen zunehmend auf den Altardienst eingeschränkt. Die Gläubigen, die ja auch während der Messe seit dem Mittelalter auf das Privatgebet angewiesen sind, bevorzugten dabei das Knien. Stehen blieb nur als Ehrfurchtshaltung erhalten bei Ein- und Auszug der Kleriker und bei der Verkündigung des Evangeliums.

Das neue Meßbuch wünscht daher auch, daß das Stehen

in der Eucharistiefeier wieder an Bedeutung gewinnt. Es ist vorgesehen vom Eröffnungsgesang bis zum Tagesgebet, beim Halleluja vor dem Evangelium, bei der Verkündigung des Evangeliums, beim Glaubensbekenntnis und beim Fürbittgebet, dann vom Gabengebet an bis zum Ende der Messe. Das zweite eucharistische Hochgebet betet ganz ausdrücklich: „Wir danken dir, daß du uns gerufen hast, vor dir zu stehen."

Das *Sitzen* ist die Haltung der Meditation und der Hörbereitschaft, was für die Predigthörer schon früh gezeigt wird (1 Kor 14,30; Apg 20,9). Es ist auch die Haltung des Lehrers und des „Vor-Sitzenden". Daher leitet der Bischof die Liturgie von seiner Kathedra aus, der Priester von seinem Sitz den Wortgottesdienst und den Schlußteil der Meßfeier. Der Name „Predigtstuhl" besagt wohl, daß es so lange nicht her sein kann, daß auch der normale Prediger saß. Das neue Meßbuch ordnet das Sitzen den Lesungen vor dem Evangelium, dem Antwortpsalm, der Predigt und der Gabenbereitung zu, auch der Stille nach der Kommunion.

Für das *Knien* heißt es hingegen lediglich: „Wenn die Platzverhältnisse oder eine große Teilnehmerzahl oder andere vernünftige Gründe nicht daran hindern, möge man zum Einsetzungsbericht knien." Das aus germanischem Brauch in die römische Liturgie übernommene Knien drückt Demut, Buße und Anbetung aus. Kniend zu beten ist allgemein menschlicher Brauch, der auch von Jesus bezeugt ist (Mk 14,35; Lk 22,41). Im Knien oder im Niederwerfen wird die Niedrigkeit vor Gott ausgedrückt. Es ist Huldigung vor dem Herrscher wie am Karfreitag zur Kreuzverehrung. Es erwächst aber vor allem aus dem Bewußtsein der eigenen Sünde und kennzeichnet dann das Buß- wie das eindringliche Bittgebet. So ist es im gemeindlichen Gottesdienst eher die Ausnahme, während es für das Privatgebet des einzelnen wohl die am meisten verbreitete Körperhaltung darstellt. Emil J. Lengeling sagt daher mit Recht: „Das bei uns übliche Knien während der Worte ‚Deinen Tod ...‘ nach der Wandlung und darauf bis nach der Schlußdoxologie paßt nicht recht zum Charakter der

Akklamation und der priesterlichen Würde der Gemeinde, die in Gedächtnis, Darbringung und Lobpreis zum Ausdruck kommt."

14 Ist ein Meßgewand verpflichtend?

Nun, die Bestimmungen der Einführung in das Meßbuch sind klar und eindeutig: „Zur Messe und zu anderen mit ihr verbundenen liturgischen Feiern trägt der Priester über Albe und Stola das Meßgewand (Kasel), sofern nichts anderes vorgesehen ist" (AEM 299). Das Meßgewand oder die Kasel (von lateinisch casula = Häuschen) ist das Obergewand der liturgischen Kleidung. Ursprünglich war das ein Überwurf, der als Wetterschutz diente, aber schon im 4. Jahrhundert als festliches Kleidungsstück galt, das dann vom Klerus als Amtstracht übernommen wurde. Während in den Ostkirchen diese Kasel für alle liturgischen Handlungen erhalten blieb, wurde sie im Westen seit der Jahrtausendwende nur noch für die Meßfeier verwendet. Bei anderen liturgischen Handlungen wurde das Pluviale üblich, ein Chormantel, der heute „bei Prozessionen und anderen liturgischen Feiern entsprechend den jeweiligen liturgischen Ordnungen" (AEM 303) getragen werden soll.

Für all diese liturgischen Kleidungsstücke gilt aber, daß die Bischofskonferenzen Änderungen vornehmen können, die den Erfordernissen und Bräuchen einzelner Gebiete Rechnung tragen. Und diese Feststellung ist wichtig, denn die Meßbuch-Einführung hat „die römische Liturgie vor Augen. Unsere Liturgie ist aber nicht mehr die römische Liturgie. Gerade wo der Gottesdienst im Einklang mit den liturgischen Vorschriften gehalten wird, ist es eine römisch-deutsche Liturgie. Das ergibt sich nicht nur aus der Verwendung der deutschen Sprache, sondern aus mannigfaltigen Anpassungen in verschiedenen Bereichen des Gottesdienstes" (Heinrich Rennings). Und das gilt sicher auch für die liturgischen Gewänder. Wenn die Liturgiekonstitution den Wegfall von Verdoppelungen fordert (LK 50), ist zu fragen, ob das nicht auch hierfür gilt. Es geht nicht darum, einfach etwas abzuschaffen, sondern durch sinnvolle Gewichtung Wesentliches hervorzuheben: den Feiercharakter der Liturgie und die unterschiedlichen Funktionen in der Feier. Sind dafür Albe, Stola, Meßgewand und meist auch ein Schultertuch erforderlich?

Eine Differenzierung gilt schon für die Gruppenmesse, bei der die deutschen Bischöfe eine Stola als ausreichend für den Priester ansehen. Und auch die Meßbuch-Einführung differenziert, wenn sie zum Beispiel die Verwendung kostbarer Meßgewänder bei feierlichen Gottesdiensten auch dann erlaubt, wenn sie nicht der liturgischen Farbe des entsprechenden Tages entsprechen. So hat es auch hierzulande bei der Art des Meßgewandes eine Entwicklung gegeben. Vielfach schon im Gebrauch ist ein Gewand, das Ärmel besitzt und den Körper so umschließt, daß unsere heutige Albe und die Kasel überflüssig werden. Dieses an die alte Tunika wieder anknüpfende Gewand wird auch von Diakonen getragen. Der Unterschied zwischen beiden Funktionen wird daran deutlich, daß die breite lange Stola in der liturgischen Farbe des Tages in verschiedener Weise über dem Gewand getragen wird. Die Tragweise der Stola unter dem bisherigen Meßgewand ergibt ohnedies keinen Sinn, ist zumindest ästhetisch unbefriedigend. Auch der Bischof könnte dieses Gewand tragen, wobei er durch das ebenfalls darüber zu tragende Brustkreuz erkennbar wäre. So würde nur die Stola in wechselnden Farben gehalten sein, während der Farbwechsel für das neue, zumeist hell gehaltene Gewand nicht mehr gelten würde. Dieses neue mantelartige Gewand ist unbeanstandet schon vielfach im Gebrauch und ersetzt dann auch den Chormantel. Darüber trägt der Priester die Stola, ohne sie zu kreuzen, so daß sie über beide Schultern herabhängt. Der Diakon trägt sie von der linken Schulter quer zur rechten Seite.

15 Zu wenig Stille?

Zu den Elementen der Liturgie gehören nicht nur Gebete, Bitten, Bekenntnisse, Gesten oder Körperhaltungen, sondern auch die *Stille,* die „als Element der Feier zu gegebener Zeit zu halten" ist (AEM 23). Das Schweigen ist also nicht eine Unterbrechung, sondern wichtiger Teil des Gottesdienstes selbst. Die Feiernden sollen dadurch nicht zu Zuschauern werden, sondern durch die innere Bereitung tiefer in die Feier hineingenommen werden. Wenn „ständig gebetet, gesungen, georgelt wird ... wundert es einen nicht mehr, daß auch gläubige Menschen der sonntäglichen Eucharistiefeier fernbleiben", nennt eine Anfrage einen der Hauptanklagepunkte bei der Gestaltung der Liturgie.

Dem berechtigten Wunsch nach Stille muß entsprochen werden – doch wie? Es mag manche geben, die an „Stillmessen" und „stillen Kanon" gewöhnt waren und diesen Zeiten nachtrauern. Doch eine Gemeinschaftsfeier, die sich ihrer Natur nach auf alle Anwesenden bezieht, kann nicht vorwiegend aus gemeinsamem Schweigen bestehen. Zunächst ist eine würdige Feier zu fordern, die ordentlich und ohne Eile vollzogen wird und bei der die einzelnen Teile in ihrer Unterschiedlichkeit deutlich werden. Leider geht viel von der Unruhe vom Altarraum aus. Wie häufig ist zu beobachten, daß der Priester seine Armbanduhr kontrolliert, der Lektor bereits beim Tagesgebet zum Ambo eilt, daß ständig Ministranten unterwegs sind und einem der Klingelbeutel vorgehalten wird, wenn man gerade sein Herz erheben sollte. Auch wenn dies alles den Gottesdienst um wenige Minuten verkürzt, macht es ihn länger, weil dabei niemand zur Ruhe gelangt.

Stille kann gehalten werden vor dem Schuldbekenntnis, nach der Gebetseinladung „Lasset uns beten" vor dem Tagesgebet, nach den Lesungen oder nach der Predigt, bei den Fürbitten, bei der Gabenbereitung und nach der Kommunion. Das eucharistische Hochgebet ist sicher nicht der rechte Ort für Stille. Denn wenn etwas nach der vollen Teilnahme aller verlangt und darum allen vernehmlich sein muß, dann das ganze Hochgebet.

Nachgedacht werden sollte auch über das Singen. Zehn Lieder in einer Messe sind einfach zu viel. Daneben wirken Momente der Stille leicht als gekünstelte Pausen.

Wichtig ist, daß alles ohne Hektik geschieht und auch die vorgegebenen Räume des Schweigens richtig genützt werden und nicht formal, zu kurz oder leer bleiben.

16 Wo sitzt der Priester?

Die Neuordnung der Meßfeier bestimmt eindeutig: „Der Sitz des Leiters der Feier hat dessen Dienst als Vorsteher der Gemeinde und dessen Aufgabe, das Gebet zu leiten, gut erkennbar zu machen. Besonders geeignet ist der Platz im Scheitelpunkt des Altarraumes, der Gemeinde zugewandt, sofern nicht die Gestalt des Raumes oder andere Gründe dagegen sprechen" (AEM 271). Der Ort des Vorstehersitzes wechselte im Laufe der Jahrhunderte aus der Apsis auf die Evangelienseite neben dem Altar. Das wurde erforderlich, als der Altar an die Wand rückte und durch eine Thronarchitektur überbaut wurde. Durch die klarere Strukturierung der Meßfeier in *Wortgottesdienst* und *Eucharistie* mit den entsprechenden Orten *Ambo* und *Altar* erhält der Priestersitz heute wieder eine notwendige Funktion: Hier hat der Vorsteher seinen Platz bei den Eröffnungsriten; beim Hören des Wortes Gottes, wenn er nicht selber liest oder predigt; bei Zeiten des Schweigens und Überdenkens; beim Gläubigengebet der Allgemeinen Fürbitten und nach Möglichkeit auch beim Abschluß der Eucharistiefeier nach der Kommunion. So kann die Eröffnung der Feier keinesfalls am Ambo geschehen, von dem die Einführung ins Meßbuch bestimmt: „Die Würde des Wortes Gottes erfordert für seine Verkündigung einen besonderen Ort in der Kirche... In der Regel soll dies ein feststehender Ambo, nicht ein einfaches tragbares Lesepult sein... Am Ambo werden die Lesungen, der Antwortpsalm und der österliche Lobgesang ‚Exsultet' vorgetragen; er kann auch für die Homilie und die Fürbitten benutzt werden" (AEM 272).

Der Ablauf der Eröffnung ist in seiner Grundstruktur vorgegeben: Nach dem Einzug der liturgischen Dienste tritt der Priester „an den Altar und küßt ihn". Die aus antiker Kultur stammende Begrüßung durch einen Kuß war seit ältester Zeit auch in der römischen Liturgie üblich. „Anschließend geht der Priester zum Sitz" (AEM 86). Hier macht er dann nach dem Eröffnungsgesang gemeinsam mit der ganzen Gemeinde das Kreuzzeichen und begrüßt die Gemeinde. An diesem seinem Sitz verbleibt er dann wenigstens bis zum Evangelium, wenn er dieses selbst vorträgt, was allerdings auch durch einen Diakon möglich ist. Nach dem Evangelium kehrt der Priester wieder an seinen Sitz zurück. An den Altar braucht er erst zu treten, wenn die Gaben zum Altar gebracht werden. Ist ein Diakon zugegen, rüstet dieser den Altar zu und nimmt die Gaben entgegen, so daß der Priester erst dann zum Altar tritt. Auch nach der Kommunion sollte er direkt wieder zu seinem Sitz gehen, da die Gefäße von Ministranten und Kommunionhelfern zum Kredenztisch gebracht werden können und ihre Reinigung auch nach der Messe erfolgen kann. So wird deutlich, daß der eucharistische Teil abgeschlossen ist, wenn alle Riten zur Entlassung wieder am Priestersitz folgen.

Überflüssig und sinnwidrig erscheint ein Pult vor dem Priestersitz. „Ein Pult an dieser Stelle nützt nur dem Hersteller und seinem Geschäft. Der Priester an seinem Sitz verhält sich bei der Messe, wie der Bischof schon im Pontifikalamt sich zu verhalten hatte. Er lasse sich bei der Oration das Buch von einem Assistenten halten (oder nehme es einfach in die Hand); dann wirkt er frei, offen, als Vorsitzer der heiligen Versammlung. Hinter dem Pult wirkt der Priester eher defensiv, verbarrikadiert" (Winfried Blasig).

Sicher müssen die liturgischen Bücher irgendwo bereitliegen. Merkwürdigerweise hat die Neuordnung dazu geführt, daß vielfach eine Fülle von Büchern und Zetteln gebraucht wird. Das muß aber keineswegs so sein, wenn auf die Vorbereitung genügend Zeit verwendet wird. Die Bücher gehören an sich in die Obhut der Altardiener. Es geht nicht an, daß der Priester, an seinem Platz angekommen, anfängt, sich zu bücken und zu suchen. „Nicht nur der Teilnehmer, der die Vornehmheit der alten Liturgie noch kannte, wird sonst gleich zu Beginn mit dem Dilettantismus der neuen Form verprellt. Auch der unbefangene Teilnehmer hat kein Bedürfnis, den Zelebranten bei Verlegenheitsmanövern zu beobachten oder zu sehen, was beim Bücken unter seiner Albe hervorkommt" (W. Blasig). Es liegt nicht an der Reform, sondern an der liturgischen Bildung, wenn oft Dilettantismus die Szene beherrscht.

17 Sollen die Sakramente in der Messe gespendet werden?

Gottesdienst und Sakramente werden noch oft als verschiedene Größen betrachtet. Dabei wird mit „Gottesdienst" die Messe, vielleicht auch noch die Andacht gemeint, während unter „Sakramente" halt alle anderen außer der Eucharistie verstanden werden. Früher galt gar ausschließlich die Messe als „Kult", die Sakramente aber dienten „nur" zur Heilsvermittlung.

Die Reform hat auch hier neue und auf den ursprünglichen Sinn zurückführende Akzente gesetzt: Die Spendung aller Sakramente ist Liturgie! Alle Sakramente stehen in einer engen Beziehung zur Feier des Todes und der Auferstehung Christi: zum Pascha-Mysterium des Osterfestes. Von daher ist der eigentlich bevorzugte Ort der Sakramentenspendung die Eucharistiefeier, genauer zwischen Wortgottesdienst und Gabenbereitung. In den Sakramenten sind alle gottesdienstlichen Elemente enthalten wie die Versammlung der Gemeinde, die Verkündigung des Wortes, Segens- oder Weihegebet sowie Lob, Preis, Dank und Bitte.

So könnte etwa die Gemeinde am Sonntag regelmäßig an Taufgottesdiensten teilnehmen. Je nach Größe der Gemeinde werden dann alle Taufen innerhalb einer der Sonntagsmessen vielleicht einmal im Monat oder alle zwei Monate gehalten. Der Gemeinde wird dabei bewußt, daß die Eingliederung neuer Gemeindeglieder sie wirklich betrifft. Die Eltern, Paten und Verwandten erfahren, daß die Taufe nicht eine individualistische oder rein private Angelegenheit unter Ausschluß der Öffentlichkeit oder gar nur eine Familienfeier ist. Daher hält die Gemeinsame Synode der Bistümer in der Bundesrepublik für richtig: „Die Taufe der Kinder soll in der Regel in der Pfarrkirche im Rahmen der Feier des Sonntags – einige Male im Jahr auch innerhalb der Eucharistiefeier – stattfinden. Dabei ist es sinnvoll, daß mehrere Kinder gemeinsam die Taufe empfangen" (Beschluß „Sakramentenpastoral" 1.1.4).

Der ganze Wortgottesdienst einer solchen Sonntagsmesse darf dann von der Sakramentenspendung, hier also vom Taufgedanken her, geprägt sein: die Begrüßung von Täuflingen und Gemeinde ersetzt die sonst übliche Begrüßung und den Bußakt; im Wortgottesdienst können auch auf die Taufe bezogene Lesungen gewählt werden; nach der Predigt, der Bezeichnung der Kinder mit dem Kreuzzeichen und den Fürbitten wird die Taufe gespendet; im Anschluß an die Tauffeier wird die Messe mit der Gabenbereitung fortgesetzt; im Hochgebet wie im Schlußsegen wird auf die Taufspendung Bezug genommen.

Das hier für die Taufe Aufgeführte gilt auch für die anderen Sakramente. Einmal jährlich könnte so die Firmspendung in die Sonntagsmesse einbezogen werden und die Gemeinde ihren Glauben wie die Bitte um den Geist erneuern. Auch die Trauung könnte gelegentlich so erfolgen. Das Verständnis für den Heilsdienst an den Kranken würde stärker, wenn die Krankensalbung auch einmal im Gemeindegottesdienst erfolgt. Schwieriger ist es beim Bußsakrament, das in Deutschland nur als Feier der „Einzelversöhnung" gestattet ist, in Österreich und der Schweiz unter gewissen Umständen auch als gemeinschaftliche Feier mit Generalabsolution gespendet werden darf.

18 Muß der Kelch bedeckt sein?

Unter dem Kelch-Velum ist ein Tuch zu verstehen, das der Verhüllung dient. In der Antike wurde ein Schultervelum umgelegt, da die heiligen Gefäße mit verhüllten Händen angefaßt werden mußten. Uns ist noch bekannt, daß Ministranten und selbst Diakone für das Ergreifen des Kelches ein eigenes Tuch benutzten. Der Kelch wurde wohl schon seit frühester Zeit verhüllt zum Altar gebracht. Seit dem Mittelalter wurde er zudem mit einem kostbaren Tuch bedeckt, das dem Farbkanon des jeweiligen Festes oder der Kirchenjahreszeit unterlag.

Die Neuordnung sieht nun vor, daß der Kelch zu Beginn der Meßfeier auf einem Kredenztisch steht und dort mit einem Tuch bedeckt ist, das immer weiß sein kann (AEM 80). Dieses Kelch-Velum unterliegt also nicht mehr dem Farbkanon wie ja noch das Meßgewand. Der Kelch wird erst nach Abschluß der Fürbitten und zum Gesang zur Gabenbereitung zum Altar gebracht, zusammen mit dem Korporale, dem Purifikatorium und dem Meßbuch (AEM 100). Das Velum wird hier nicht mehr erwähnt, so daß der Kelch also ohne Tuch zum Altar gebracht werden soll. Das heißt also, der Kelch muß auch während des eucharistischen Teils der Meßfeier nicht mehr bedeckt sein. Das ist jetzt freigestellt, denn der Zelebrant kann ihn gegebenenfalls mit einer Palla bedecken (AEM 103). Die Palla, die nicht mehr vorgeschrieben ist, besteht aus einem quadratischen, vielfach durch Kartoneinlage versteiften Stück Leinen, das seit dem Ende des Mittelalters anstelle des Korporales den Kelch bedeckte. Das Korporale wiederum ist ein quadratisches Leinentuch, das zur Gabenbereitung in der Mitte des Altares ausgebreitet wird, um die eucharistischen Gestalten daraufzustellen. Ursprünglich war es das oberste Altartuch in der Größe der Altarplatte, das während des Hochgebetes einfach an einem Ende über die eucharistischen Gaben geschlagen wurde, um diese vor Staub oder Insekten zu schützen. Eine solche Palla zum Abdecken des Kelches ist heute nur dann erforderlich, wenn der Inhalt des Kelches geschützt werden muß. Und das gilt wohl zumeist nur für Eucharistiefeiern im Freien. Das Korporale wird übrigens nach der Kommunion wieder entfernt. Früher gab es dazu eine Burse, in die es zusammengefaltet eingesteckt werden konnte. Das Purifikatorium besteht aus einem Tüchlein zum Säubern des Kelches und zum Abwischen des Mundes nach der Kelchkommunion. Der gereinigte Kelch wird dann mit der Hostienschale wieder zum Kredenztisch gebracht. Möglich ist es aber auch, die Gefäße auf dem Altar oder auf dem Kredenztisch auf einem Korporale gegebenenfalls verhüllt stehen zu lassen und erst nach der Meßfeier zu reinigen (AEM 120). Letzteres ist sicher die bessere Möglichkeit, da die dadurch gewonnene Zeit der Stille oder dem Dank nach der Kommunion zur Verfügung steht.

Es ist selbstverständlich, daß Kelch und Hostienschale „mit besonderer Ehrfurcht zu behandeln" sind (AEM 289). Deshalb sollen sie auch aus „haltbarem und als edel geltendem Material" hergestellt sein. Aber es wird eben nicht mehr als notwendig erachtet, daß sie nur von Priestern direkt angefaßt werden dürfen, während alle anderen ein Velum dazu benützen müßten. Das entspricht deutlicher der gleichen Würde aller getauften Gemeindemitglieder. So geht es vor allem also um die Funktion der Geräte. Ein Velum oder eine Palla sind dort erfordert, wo der Inhalt des Kelches geschützt werden muß.

Tatsächlich sind Kelch und Patene von ihrer Funktion her Trinkgefäß und Speiseteller, wobei es sich aber eben nicht um einen normalen Trunk und eine normale Speise handelt. Daher erhalten diese Gefäße auch ihre besondere Würde von ihrem Gebrauch zur Eucharistiefeier, für den sie zuvor gesegnet werden, was nunmehr auch durch einen Priester erfolgen kann.

*Zur Eröffnung
der Meßfeier*

19 Welche Elemente gehören zur Eröffnung?

Die Versammlung der „Gemeinde am Sonntag" ist klar gegliedert in *Eröffnung, Wortgottesdienst, Eucharistiefeier* und *Entlassung.* Dabei hat die *Eröffnung* die Aufgabe, „daß die versammelten Gläubigen eine Gemeinschaft bilden und befähigt werden, in rechter Weise das Wort Gottes zu hören und würdig die Eucharistie zu feiern" (AEM 24). Allerdings gibt es bis zu zehn Einzelelemente, die leicht den Blick auf die Struktur des Eröffnungsteils verstellen können. Wie immer diese Elemente ausgewählt, einander zugeordnet und miteinander verbunden werden, so müßten doch jeweils drei Phasen deutlich werden:

die Gemeinde sammelt sich um ihren Herrn Jesus Christus und tritt mit ihm vor den Vater;

der Zelebrant übernimmt Vorsitz und Repräsentation der liturgischen Versammlung;

im Namen Christi bringt der Priester zur Sprache, um was es in dieser Feier geht.

Letztlich lassen sich sechs Schwerpunkte unterscheiden: Am Beginn steht der *Eröffnungsgesang,* der die Aufgabe hat, „die Verbundenheit aller Teilnehmer zu vertiefen".

Als zweites Element folgt die *Begrüßung sowohl des Altares,* dem als Symbol Christi Zeichen der Verehrung erwiesen werden, *als auch der Gemeinde,* für die acht Grußformeln in biblisch geprägter Sprechweise zur Verfügung stehen. Die Absage an alltägliche Begrüßungsformeln soll dazu dienen, die Versammlung in ihrer Zeichenhaftigkeit zu verstehen und die Gegenwart ihres Herrn ins Bewußtsein zu rufen. Damit verbunden ist die *Einführung,* die den Zugang zur aktuellen Feier erschließt.

An dritter Stelle steht das *Allgemeine Schuldbekenntnis* mit Wahlmöglichkeiten, der Verbindung mit dem Kyrie oder dem Taufgedächtnis.

Das vierte Element ist der *Huldigungsruf des Kyrie* und das fünfte der *Hymnus des Gloria,* der an Festen und Sonntagen (mit Ausnahme der Advents- und Fastenzeit) erklingt.

Und am Ende der Eröffnung steht als sechstes Element das *Tagesgebet,* das der Vorsteher im Namen aller an Gott richtet.

Die Möglichkeiten zur Wahl, aber auch zur Kombination der einzelnen Elemente sind verwirrend groß. In vielen Gottesdiensten hat sich eine bestimmte Abfolge und Gestaltung inzwischen „eingeschliffen". Dies aber entspricht nicht dem Wunsch der Neuordnung! Sie wollte ja gerade eine große Lebendigkeit des Eröffnungsteils erreichen, die ganz auf die verschiedenen Gemeindesituationen abgestellt ist. Manche Teile überlagern sich aber auch, stellen Doppelungen dar – zum Beispiel sind drei Gesänge unmittelbar hintereinander denkbar: Eröffnungsgesang, Kyrie, Gloria, was eher zur Unübersichtlichkeit und damit zur mangelnden Transparenz beiträgt. Hier gilt es, jeden Gottesdienst genau vorzubereiten, denn schon die Eröffnung entscheidet über die innere wie äußere Teilnahme der Gemeinde.

20 Hat der Eröffnungsvers noch eine Funktion?

Der Eröffnungsvers, der jedem Meßformular beigegeben ist, wird heute oft nicht mehr vorgetragen. Er ist ein Element der Eröffnung des Gottesdienstes, die ja den Sinn hat, die Versammelten zu einer Gemeinschaft zu verbinden und sie in den Stand zu setzen, den Wortgottesdienst und den

Eucharistiedienst in rechter Weise zu feiern. Während der Reformüberlegungen wurde gegen manchen Einwand an einem Eröffnungsvers festgehalten, der als Introitus früher eine große Bedeutung hatte und noch in heutigen protestantischen Gottesdienstordnungen hat, wie etwa die Bezeichnung der Sonntage nach dem Beginn der Antiphon zeigt, zum Beispiel in der Fastenzeit die Sonntage Invocabit, Reminiscere, Oculi, Laetare.

Die Auswahl der neuen Eröffnungsverse (wie übrigens auch der Kommunionverse) wurde durch folgendes bestimmt: Die Texte müssen so gestaltet sein, daß sie gesungen werden können, aber auch bei bloßer Rezitation sinnvoll sind; sie müssen zwischen Begrüßung und Bußakt eingeordnet werden können und der Gemeinde zur Einführung in das Fest und die liturgische Zeit dienlich sein. Es wurden viele der bisherigen Introitusantiphonen beibehalten, aber auch neue Texte vor allem aus den Evangelien zur Auswahl geschaffen. Wenn auch im Unterschied zum bisherigen Introitus dem Eröffnungsvers keine weiteren Verse, zum Beispiel aus den Psalmen, beigegeben sind, besteht natürlich die Möglichkeit, diesen Vers zu vertonen und mit Psalmversen zu singen.

Hierzulande ist es wohl zumeist so, daß beim Einzug des Altardienstes ein Lied gesungen wird. Möglich wäre aber auch, daß in diesen Eröffnungsgesang der Eröffnungsvers einbezogen wird. Dafür gibt es verwirrend viele Möglichkeiten: Es können Melodie und lateinischer Text des Introitus (= Eröffnungsvers) mit seinem Psalm aus dem Graduale Romanum (Graduale = „Stufengesang"; das Buch enthält die Chorgesänge der römischen Liturgie: 1974 Neuausgabe) sein oder die einfachen Melodien aus dem Graduale simplex (1967 erschienen) oder der deutsche vertonte Text des Graduale Romanum oder der Introitus gemäß dem Ordo Cantus Missae (die feststehenden Gebete und Gesänge der Messe).

Eine besonders festliche Weise wäre, daß die Schola oder der Chor den Rahmenvers vorträgt, der Kantor den Psalm und die Gemeinde den Kehrvers singen. Auf keinen Fall sollte die Gemeinde zum stummen Zuhören verurteilt sein. Nur wenn zum Einzug nicht gesungen wird, soll der Eröffnungsvers „vom Lektor vorgetragen werden; notfalls vom Priester selbst nach der Begrüßung" (AEM 26). Die Regel könnte so lauten: Wird der Eröffnungsvers in den Gesang zur Eröffnung nicht einbezogen, dann empfiehlt es sich, ihn nach der Begrüßung in die Einführung einzubeziehen, die ja Leitgedanken zur Meßfeier knapp und kurz angeben soll. Während die Begrüßung durch den Leiter der Versammlung, den Priester, erfolgt, kann die Einführung besser von einem Gläubigen, dem Lektor etwa, gegeben werden.

Eine Verpflichtung, den Eröffnungsvers zu benutzen, besteht also nicht. An Stelle des Gesanges könnte auch Orgelspiel treten. Der Einzug des Altardienstes ist aber auch unter Schweigen möglich. Die Entscheidung hängt immer von der konkreten Situation ab.

21 Ein Schuldbekenntnis am Beginn der Messe?

Der Bußakt gehört zu den Elementen der Eröffnung. Daher ist er nicht isoliert zu sehen. Es ist eine heute dem Bewußtsein weithin entschwundene Tradition, daß die Eucharistiefeier als ganze und speziell die Kommunion sündentilgende Kraft besitzen. Außerdem ist er nur eines unter verschiedenen Bußelementen der Messe: Teile des Gloria („Lamm Gottes ... du nimmst hinweg die Sünde der Welt"), Bitten um Vergebung der Sünden in den Hochgebeten, die fünfte Vaterunserbitte, das Friedensgebet und der Friedensgruß, das „Lamm Gottes" und das „Herr, ich bin nicht würdig" sowie einige stille Gebete des Priesters (vor und nach dem Evangelium, Gebet zur Händewaschung und Gebet vor der Kommunion) gehören ebenfalls in diesen Zusammenhang.

Der Sinn eines Bußaktes am Beginn der Feier: Wir bekennen uns als des Erbarmens Gottes und der Verzeihung der Brüder bedürftige Menschen. Zwar geschieht das durch die Feier als ganze, wird aber an einigen Stellen und vor allem am Beginn eigens zum Ausdruck gebracht.

Dennoch: Von vielen wird die Häufigkeit des Bußaktes als Problem empfunden. Befürchtet werden Leerlauf, Routine, Monotonie und Erstarrung. Dies um so mehr, als die gegebenen Wahlmöglichkeiten wenig überzeugen (so vor allem Form B) oder in den Gemeindegottesdiensten zu wenig ausgeschöpft werden. Derartige Klagen und Fragen sind ernst zu nehmen. „Ein all(sonn-)täglicher Bußakt ist nicht unproblematisch, zumal gleich am Beginn der Feier und im Rahmen einer Eröffnung, die ohnehin mit zu vielerlei Elementen überlastet ist... Man wird gut daran tun, den Bußakt gelegentlich breiter auszugestalten, um ihn vor Verflachung, Erstarrung und Gedankenlosigkeit zu bewahren. Aus demselben Grund wird man ihn aber auch gelegentlich durch andere Elemente ersetzen oder ganz weglassen, wo sich ein begründeter Anlaß dazu bietet" (Hans Bernhard Meyer). Vorgesehen ist das ohnehin, wenn der Messe ein anderer Ritus voraufgeht, so wenn eine Taufe in der Messe stattfindet und die Täuflinge zuvor begrüßt werden; ebenso bei der Trauung; auch bei Weihe und Aussprengung von Wasser (Asperges).

Bei der Reformarbeit wurde diskutiert, ob der Bußakt nicht besser vor der Gabenbereitung oder vor dem Hochgebet stehen sollte, also dort, wo in den Liturgien des Ostens und früher auch im Westen (Justin, Hippolyt, nicht-römische Liturgien) der Friedenskuß seinen Ort hat, der ja die brüderliche Versöhnung und damit einen wichtigen Teil des Bußaktes beinhaltet.

Früher gab es am Ende des Wortgottesdienstes die „Offene Schuld". Und die Meßordnung für Zaire in Afrika hat heute an dieser Stelle den Bußakt, den wir am Anfang haben, weil Lesungen und Predigt als beste Voraussetzungen für Bekehrung und Versöhnung angesehen werden. Ebensogut könnte man sich denken, daß vornehmlich bei Eucharistiefeiern im kleinen Kreis der Bußakt am Beginn zugunsten eines etwas breiter ausgestalteten Friedensgebe-

tes und Friedensgrußes wegfallen könnte. Denn auch diese
Stelle vor der Kommunion ist ein in der Tradition bezeug-
ter Ort des Bußaktes. Auch ein weiterer Vorschlag ist bislang unberücksichtigt geblieben, nämlich den Bußakt an
jenen Tagen wegfallen zu lassen, an denen das Gloria gesungen wird, weil „die Gesten der Verehrung in der ersten
Phase der Eröffnung das geleistet haben, was Tenor des
Bußaktes ist" (Bruno Kleinheyer). Das könnte auch dort
gelten, wo an Festtagen Weihrauch verwendet wird, da dieser Brauch ähnlich wie die Besprengung mit Weihwasser
auch die Bedeutung von Sühne und Reinigung hat.

Festzuhalten bleibt, daß auch unter den schon gegebenen Möglichkeiten der Bußakt zugunsten anderer Elemente der Eröffnung manchmal wegfallen, andere Male
auf deren Kosten reicher ausgestattet werden kann.

22 „Asperges" – was ist das?

Im neuen Meßbuch heißt es: „An Sonntagen kann an die
Stelle des Allgemeinen Schuldbekenntnisses das sonntägliche Taufgedächtnis (Besprengung mit Weihwasser) treten." Es handelt sich dabei um einen Brauch, der weit in
das erste Jahrtausend zurückreicht. Zuerst wurden in Klöstern am Sonntagmorgen im Rahmen einer Prozession Klo-
sterräume und Kirche mit Weihwasser besprengt, später
dann auch die Gläubigen. Seit dem Hochmittelalter gilt
dies als Tauferinnerung: Die Gemeinde gesteht ihr Versagen vor Gott ein, bittet um sein Erbarmen und besprengt
sich mit geweihtem Wasser. Dies bedeutet Bußgesinnung,
Einstimmung auf die Eucharistiefeier und Tauferinnerung;
denn wie die Taufe alle Schuld tilgt, soll auch diese Besprengung das Versagen der vergangenen Tage abwaschen.

Es ist erfreulich, daß diese alte Asperges-Prozession, die
Segnung des Wassers und seine Aussprengung, als Gedächtnis der eigenen Taufe wieder belebt werden kann,

denn die Taufe ist ja das Umdenken (metanoia) schlecht-
hin. Wo dies geschieht, muß selbstverständlich der normale
Bußakt zur Eröffnung der Meßfeier entfallen, denn dies
wäre eine Doppelung. Durch den Besprengungsritus
kommt zudem ein Moment des Feierns und mehr Lebendigkeit in den Eröffnungsritus, der sich vielfach als allzu
steif und worthaft erweist.

Er kann in allen Sonntagsmessen vollzogen werden einschließlich der Vorabendmesse. An bestimmten Festtagen,
wie Taufe des Herrn oder Pfingsten, könnte er eine eigene
Prägung erfahren. Die Weihe des Wassers sollte dabei im
Angesicht der Gemeinde erfolgen. Besonders geeignet ist
der Taufort, wenn er der Gemeinde sichtbar ist. Die Oster-
kerze müßte Beachtung finden. Dabei sollten der Gang
zum Taufort und die Besprengung mit Wasser dem heutigen Empfinden angepaßt sein, im wahrsten Sinne zum Zeichen werden, Tauferinnerung und Tauferneuerung.

Nach Gebetseinladung und kurzer Stille wird ein Segensgebet über das Wasser gesprochen, eine Erinnerung an
das Heilshandeln Gottes durch das Wasser an seinem Volk
und eine Bitte um Zuwendung seines Heilshandelns auch
hier und heute. Die Besprengung kann vom Altar aus oder
bei einem Gang durch die Kirche erfolgen, während die
Gemeinde ein passendes Lied singt, das leicht aus dem
„Gotteslob" gesucht werden kann, zum Beispiel zur Tauferinnerung, zum Gedächtnis der Auferstehung, zu Umkehr
und Buße. Das Meßbuch wie auch der „Schott" sehen im
Anhang Antiphonen und Hymnen in der Muttersprache
vor, die leider nicht vertont sind und auch nicht im „Gotteslob" stehen. Es ist aber nicht unbedingt ein Nachteil, wenn
passende Lieder oder Kehrverse gesucht werden müssen.
Nur sollten bestimmte Gesänge an dieser Stelle immer wieder verwendet werden, damit ein entsprechender Signalef-
fekt bei der Gemeinde eintreten kann.

Nach dem Gesang und der Rückkehr des Priesters zum
Altarraum schließt er mit dem Gebet: „Der allmächtige
Gott reinige uns von Sünden und mache uns durch das heilige Opfer, das wir nun feiern, würdig, am Tisch seines Rei-
ches teilzunehmen." Zwischen Wasserweihe und Gemein-

degesang kann auch noch eine Salzsegnung erfolgen, wenn das Salz dem Wasser beigegeben werden soll. Salz gilt als Zeichen der Kraft. Daher heißt es in dieser Segnung, „daß, wo dieses vom Salz durchwirkte Wasser ausgesprengt wird, dein Heiliger Geist zugegen sei, alle Anfechtungen des Bösen abwende und uns durch seine Kraft behüte".

Jeder Sonntag ist ein kleines Osterfest, ist die Feier des Wochen-Pascha. Was könnte sinnvoller sein, als hin und wieder bei dieser österlichen Feier an den Zusammenhang von Eucharistie und Taufe zu erinnern: „Gib, daß die Wasser des Lebens allezeit für uns fließen und uns Rettung bringen" (aus dem Segensgebet über das Wasser).

23 An wen wendet sich eigentlich das Kyrie?

Die Kyrie-eleison-Rufe – das Herr-erbarme-Dich, Christus-erbarme-Dich – sind in der heutigen Form Reste einer Litanei. Eine Litanei ist so aufgebaut, daß dem Ruf mit der Angabe der Gebetsabsicht eine sich gleichbleibende Antwort der Gemeinde folgt. Eine solche Form ist sehr einfach und praktisch, da sie geringe Anforderungen an die Gemeinde stellt. Besonders in den Ostkirchen ist diese Litaneiform weit verbreitet. Wer einmal eine slawische Liturgie mitgefeiert hat, wird das Gospodin pomilju oder das griechische Kyrie-eleison noch im Ohr haben. Dieser Ruf ist schon in der vorchristlichen Antike als Huldigungsruf an den Herrscher oder eine Gottheit bekannt. Das Neue Testament, vor allem Paulus, legt Christus den Ehrentitel Kyrios (Herr) bei und verbindet damit das Bekenntnis seiner Gottheit.

Die Kyrie-Litanei in der Meßfeier ist österlichen Ursprungs, wohl von Papst Gelasius († 496) in die römische Liturgie an Stelle des älteren Fürbittgebets am Ende des Wortgottesdienstes (so wie wir es heute noch am Karfreitag kennen) eingeführt. Diese Litanei hatte anfangs beliebig viele Intentionen, oft bis zu zwanzig. Doch schon Gregor der Große († 604) verzichtete auf die vom Diakon vorgetragenen Gebetsanliegen dieser Litanei, so daß nur die Kyrie-Rufe übrigblieben. Er ordnete sie im Hinblick auf die neun Engelchöre in der Weise, daß dreimal drei Rufe – Kyrie, Christe und Kyrie eleison – im Wechsel zu sprechen beziehungsweise zu singen waren. Erst im Mittelalter deutet man diese Anordnung trinitarisch: je drei Rufe an Vater, Sohn und Heiligen Geist, obwohl alle Rufe den Herrn Christus als Adressaten haben.

Während sich alle Gebete in der Liturgie normalerweise an den Vater richten, beziehen sich die Akklamationen – ursprünglich Zurufe spontaner Art aus der Volksmenge – gern auf Christus. So ist selbst im Hochgebet, das sich nach seinem ganzen Stil durch Christus an den Vater richtet, nach dem Ruf „Geheimnis des Glaubens" die Antwort der Gemeinde eine Christus-Akklamation („Deinen Tod, o Herr, verkünden wir ..."), die zumindest äußerlich einen erheblichen Stilbruch des Hochgebetes bedeutet.

Als Zurufe („Akklamation") sind die Kyrie-Rufe an sich ein reiner Volksteil ohne Beteiligung des Priesters. Daher wäre es am besten, wenn das Kyrie von der ganzen Gemeinde im Wechsel mit dem Sängerchor oder einem Kantor gesungen würde. Heute ist es leider meist üblich, daß es der Priester mit der Gemeinde im Wechsel spricht, was an sich gar nicht vorgesehen ist, da beim Kyrie der Priester auf seiten des Volkes steht.

In der Regel wird jeder Ruf zweimal vorgetragen, insgesamt also sechs Rufe (von neunmal kann heute wohl kaum die Rede sein). Doch ist das nicht zwingend, denn die Zahl der Rufe ist entsprechend der alten Litanei-Tradition nicht vorgeschrieben. Es können daher „auch weitere Wiederholungen oder kurze Texteinschübe (Tropen)" angeführt werden, wenn sich dies „aus der musikalischen Form oder aus der konkreten Gestaltung der Feier ergibt" (AEM 30). Das ist zumeist dann der Fall, wenn das Kyrie mit dem Schuldbekenntnis verbunden wird, der sogenannten Form C des Allgemeinen Schuldbekenntnisses.

Es hat gesamtkirchliche und ökumenische Gründe, wenn auch im deutschen Meßbuch die griechische Version Kyrie eleison unübersetzt steht. Die deutschen Fassungen „Herr, erbarme dich" und „Herr, erbarme dich unser" stehen gleichberechtigt nebeneinander. Die Form des Rufes ist aber nicht unerheblich; der Ruf ohne die Beifügung „unser" ist stärker Huldigungsruf, mit der Beifügung mehr Erbarmensbitte. Um Doppelungen zu vermeiden, entfällt das Kyrie stets, wenn bereits der Bußakt die Litaneiform hatte (Form C) oder ein Kyrieleis-Lied zu Anfang gesungen wurde (zum Beispiel „Christ ist erstanden", „Nun bitten wir den Heiligen Geist", „Mitten in dem Leben" usw.). Die Anfügung des Kyrieleis an frühe deutsche Kirchenlieder, daher Leisen genannt, war sehr beliebt und reicht noch bis in die Gegenwart.

24 Weshalb wird das Gloria so selten gesungen?

Im Gloria, einem altchristlichen Hymnus, verherrlicht die im Heiligen Geist versammelte Gemeinde den Vater und den Sohn. Damit wird das Kyrie in seinem doppelten Charakter als Ruf der Huldigung und der Bitte verstärkt. Zunächst war es nur dem Bischof vorbehalten und durfte bis zum 12. Jahrhundert von Priestern nur Ostern verwendet werden. Das Gloria ist also ein Element der Eröffnung. Da der Eröffnungsritus aber ohnehin schon eine Vielzahl von Elementen, vom Eingangsgesang bis zum Tagesgebet, enthält, soll das Gloria seit der Liturgiereform nur noch bei besonders feierlichen Anlässen verwendet werden. Das sind alle Hochfeste, Feste, besondere Feiern und alle Sonntage mit Ausnahme der Advents- und Fastenzeit. Das Gloria verlangt zudem nach Gesang, denn ein Hymnus kann nicht gut gesprochen werden. Anstimmen sollte es nicht der Priester, sondern Kantor oder Chor, denn es ist Gemeindeteil.

25 Welche Bedeutung hat das Tagesgebet?

Das Tagesgebet ist das letzte Element des Eröffnungsritus. Der Priester lädt als Vorsteher der gottesdienstlichen Versammlung die Gemeinde mit den Worten „Lasset uns beten" zum Gebet ein. Darauf soll sich „in einer kurzen gemeinsamen Stille jeder auf die Gegenwart Gottes besinnen und sein eigenes Gebet im Herzen formen" (AEM 32). Da jeder weiß, worum es in dieser konkreten Eucharistiefeier geht, kann hier jeder seine eigenen Gedanken vor Gott tragen. Das heißt aber auch, daß hier Raum für eine ausreichende Zeit der Stille gegeben werden muß, sicher nicht unter zehn Sekunden. Dann erst faßt der Priester das private Beten der Versammelten im Tagesgebet zusammen, das daher auch „Kollekte", zusammenfassendes Gebet, genannt wird. In dieser „Zusammenfassung" „wird die Eigenart der Feier zum Ausdruck gebracht" (ebd.).

Das Tagesgebet wird gegenüber dem Gaben- und Schlußgebet dadurch ausgezeichnet, daß es allein mit einer längeren Formel beschlossen wird: „Darum bitten wir durch (ihn), Jesus Christus, deinen Sohn, unseren Herrn und Gott, der in der Einheit des Heiligen Geistes mit dir lebt und herrscht in alle Ewigkeit." Damit wird hier besonders deutlich, wie liturgisches Beten strukturiert ist: Das Gebet richtet sich in der Liturgie normalerweise an Gott Vater durch seinen Sohn, den Mittler zwischen Gott und Menschen, im Heiligen Geist. Das kommt in solcher Klarheit nur noch in der das Eucharistische Hochgebet abschließenden feierlichen Doxologie (Lobpreis) zum Ausdruck. Es ist also ein Schluß-Lobpreis, der in dieser besonderen Weise den Glauben der Gemeinde an den dreieinigen Gott bezeugt.

26 Was hat das Stundengebet mit der Messe zu tun?

Zu der Vielzahl der Möglichkeiten, die Messe zu eröffnen, gehört auch das Stundengebet. Noch vor kurzem Brevier genannt und nur von Klerus und Ordensangehörigen vollzogen, gilt es wieder als „das öffentliche und gemeinsame Gebet des Volkes Gottes und als eine der Hauptaufgaben der Kirche" (Einführung in das Stundengebet 1). Ist die sonntägliche Eucharistiefeier als Wochen-Pascha Feier des Gedächtnisses von Tod und Auferstehung Christi, so wird das Stundengebet als Tages-Pascha bezeichnet, in dem „die Kirche den Herrn ohne Unterlaß lobt und bei ihm eintritt für das Heil der ganzen Welt" (LK 83). Wird es von „den Gläubigen zusammen mit dem Priester... vollzogen, dann ist dies wahrhaft... das Gebet, das Christus vereint mit seinem Leibe (der Kirche) an seinen Vater richtet" (LK 84).

In einer Zeit, da das Familiengebet doch leider stark zurückgegangen ist und gemeinsames Beten mancherlei Schwierigkeiten bereitet, aber auch das Privatgebet bedroht ist, kann das Vorbild des Stundengebetes der Gemeinde am Sonntag in dieser Richtung Impulse vermitteln. Sicher wird die Gemeinde nicht mehr wie die frühe Kirche etwa zur dritten, sechsten und neunten Stunde zum gemeinsamen Beten zur Kirche eilen! Doch ist es kein Problem, am Samstagabend die Vesper, das Abendgebet der Kirche, oder am Sonntagmorgen die Laudes, das kirchliche Morgenlob, mit der Meßfeier zu verbinden. Dazu wird nach der Eröffnung ein Hymnus gesungen, dem ein oder mehrere Psalmen im Wechselgesang (Gemeinde und Kantor oder Schola; Gemeinde und Gemeinde) folgen, darauf das Tagesgebet und der Wortgottesdienst des Sonntags. Alle anderen Eröffnungsteile der Messe, Bußakt und Kyrie, können entfallen. Nach der Kommunion wird das Benedictus (Lk 1,68–79) eingefügt.

Der Gottesdienst verlängert sich durch die Verbindung mit dem Stundengebet nicht wesentlich.

Allerdings muß in das Beten der Psalmen eingeführt werden! Daß dies möglich ist, zeigen die Erfahrungen aus der NS-Zeit, in der sich die Komplet, ein anderes Stück des Stundengebetes, vom Leipziger Oratorium aus im ganzen deutschsprachigen Raum verbreitet hat. Zudem bietet das „Gotteslob" für die verschiedenen Kirchenjahrzeiten Laudes- und Vesper-Modelle an.

Eine wenigstens gelegentliche Beteiligung der Gemeinde an diesem Gebet der Kirche brächte den Auftrag der ganzen Gemeinde zum Gebet und die Einheit der betenden Kirche zum Ausdruck. Denn „Christus vollbringt das Werk der Erlösung und der Verherrlichung Gottes ... nicht nur in der Feier der Eucharistie und bei der Spendung der Sakramente, sondern auch im Stundengebet" (Einführung in das Stundengebet 13).

Zum
Wortgottesdienst

———————

27 Zwei oder drei biblische Lesungen?

Das Konzil hat in der Liturgiekonstitution (LK 35 und 51) speziell für die Eucharistiefeier eine reichere und besser ausgewählte Schriftlesung verlangt, damit „innerhalb einer bestimmten Anzahl von Jahren die wichtigsten Teile der Heiligen Schrift dem Volk vorgetragen werden". Dabei sollte das Alte Testament nicht fehlen, „um die Einheit beider Testamente und der Heilsgeschichte" deutlich zu machen. Die Neuordnung der Liturgie hat dann zu einer Regelung geführt, nach der innerhalb von drei Jahren an den Sonn- und Festtagen „die wichtigsten Teile" der Schrift in jeweils einer Lesung aus dem Alten Testament, aus den Apostelbriefen und den Evangelien regelmäßig verkündet werden.

Im deutschen Sprachraum allerdings werden in vielen Gemeinden nur zwei Lesungen vorgetragen. Eine Lesung, oft die alttestamentliche, wird der Gemeinde vorenthalten, obwohl gerade diese immer auf das Evangelium abgestimmt ist. Die Begründung dafür: drei Lesungen seien zuviel; sie könnten niemals alle drei im gleichen Gottesdienst erläutert werden. Doch das verlangt auch niemand: „Wenn sie aber im Laufe eines Lebens sieben- bis achtmal wiederholt werden, sinken sie allmählich in das Bewußtsein der Hörer ein und können nacheinander in der Predigt erklärt werden. Die Liturgie denkt in größeren Zeiträumen" (Josef Gülden).

Gewiß kann es Fälle geben, in denen die Gemeinde mit drei Lesungen überfordert ist, zumal wenn schwierige

Stücke nicht durch eine kurze Einleitung eingeführt und in der Predigt erklärt werden. Eigentlich ist der Priester gehalten, an jedem Sonntag zu predigen, und zwar im Normalfall über die Schrifttexte. Die Predigt „ist ein Teil der Liturgie und wird nachdrücklich empfohlen, denn sie ist notwendig, um das christliche Leben zu stärken. Sie soll ... die Schriftlesungen oder andere Texte der Tagesmesse ... auslegen" (AEM 41). Und das verpflichtet jeden Pfarrer

In deutschen Landen ist nie recht der Versuch gemacht worden, herauszufinden, ob drei Lesungen wirklich zu anspruchsvoll sind. Sowohl die Erfahrungen in den evangelischen Kirchen einschließlich der lutherischen Kirche in Deutschland, die zu den beiden liturgischen Lesungen die Predigtlesung hinzufügen, als auch die Praxis in den katholischen Kirchen anderer Länder zeigt, daß drei Lesungen möglich sind.

Dazu gehören dann allerdings auch meditative Zwischengesänge, nicht einfach Kirchenlieder, sondern Wechselgesänge zwischen Kantor und Gemeinde. Wenn man mit dem Konzil eine bessere biblische Bildung der Katholiken bejaht, darf man vor den Konsequenzen nicht zurückschrecken.

28 Wo ist der rechte Ort für den Vortrag der Lesungen?

Wir könnten es uns einfach machen und auf die Einführung in das neue Meßbuch verweisen, wo es heißt: „Ist das Tagesgebet beendet, geht der Lektor zum Ambo und trägt die erste Lesung vor..." (AEM 89). Und das gleiche gilt auch für eine zweite Lesung vor dem Evangelium (AEM 91), denn „die Würde des Wortes Gottes erfordert für seine Verkündigung einen besonderen Ort in der Kirche, dem sich im Wortgottesdienst die Aufmerksamkeit der Gläubigen wie von selbst zuwendet" (AEM 272).

Wenn wir die Geschichte der Meßfeier betrachten, so hat es zwar zu keiner Zeit einen zwingend vorgeschriebenen Ort für die Verkündigung gegeben, doch hat sich zumindest im ersten Jahrtausend dieser Ort kaum aus dem Bezirk des Altarraumes bzw. von der Vorderfront des Presbyteriums weiter entfernt. Der Zusammenhang von Wort und Eucharistie in der Messe blieb in dieser langen Zeit im Westen theologisch und auch zeichenhaft immer gewahrt. Sprachlich sogar bis zur Gegenwart, denn das Wort Kanzel kommt von der lateinischen Bezeichnung cancelli, den Altarschranken, die das Presbyterium umgaben. Erst im Hoch- und Spätmittelalter löst sich diese Kanzel völlig vom Altarraum und rückt oft in die Mitte des Kirchenschiffes. Das hat mehrere Gründe: einmal löste sich die Predigt von der Liturgie, zum anderen brauchte es in großen Kirchen eine größere Nähe zu den Hörern.

In unseren Tagen ist die Kanzel – in der alten Form des Ambo – wieder dorthin zurückgekehrt, von wo sie ausgegangen ist: in die Nähe des Altarraumes. Das hat theologische Gründe. Die Reform hat uns die Neubesinnung auf die Würde des Gotteswortes gebracht. Wort und Sakrament, in denen Christus gegenwärtig ist, haben ihre äußeren Zeichen in der nahen Zuordnung von Ambo und Altar. Der Ambo in Altarnähe ist damit nicht nur ein beliebiges oder akustisches Problem. Die richtige Plazierung eines Vortragsortes liegt zudem nach aller akustischen Erfahrung und dem entsprechenden Charakter der Unterweisung im Gegenüber von Sprecher und Hörer, um so viel, aber auch nicht mehr über die Zuhörer erhöht, daß der Schall der Stimme leicht jeden Anwesenden erreicht. Lebendiger Kontakt kommt am besten durch Hören und Sehen zugleich zustande.

So ist es also nicht einzusehen, weshalb die Lesung „von hinten" erfolgen sollte. Sie gehört wie alle Wortverkündigung an den Ambo. Bis vor einigen Jahren sang zwar der Subdiakon, vom Volk abgewandt, die Epistel zum Altar hin, weil die alttestamentliche Lesung auf Christus hinweisen sollte, den der Altar symbolisierte. Abgesehen davon, daß dies aber auch nicht „von hinten" geschah, haben wir heute wohl kaum noch Zugang zu derartiger allegorischer Deutung.

Bei der Vielfalt der Kirchengrundrisse ist es nicht gut möglich, den Ort des Ambo genau vorzuschreiben. Doch soll dieser Ambo in der Regel feststehend, also kein tragbares Lesepult sein. Er „soll dem Kirchenraum entsprechend so gestaltet sein, daß die Vortragenden von allen gut gesehen und gehört werden" (AEM 272). So gibt es also keinen Grund, den Ambo ausgerechnet für Lesungen nicht zu benutzen. Und das gilt selbstverständlich auch dann, wenn Frauen die Lesungen vortragen.

So ist der Ambo der Ort, an dem die wesentlichen Akte des Wortgottesdienstes erfolgen: die Lesungen, der Antwortpsalm, das Evangelium, der österliche Lobgesang „Exsultet" sowie Homilie und Fürbitten. Und es soll ein einziger Ambo sein, weil dies vom Symbol her der Einheit des Gotteswortes am besten entspricht. Hat auch das Evangelium einen eigenen Rang, so ist doch die ganze Schrift Wort Gottes.

29 Muß die Gemeinde vor dem Evangelium das Halleluja singen?

„Halleluja. So spricht der Herr: Ich bin der gute Hirt; ich kenne die Meinen, und die Meinen kennen mich" (Joh 10,14) – so einer der Halleluja-Verse, den die Gemeinde vor dem Evangelium singt. Halleluja – ein eigenartiges Wort. In der deutschen wie in der lateinischen Sprache ist es ein Fremdling, dennoch ist es einer der ältesten liturgischen Gesänge und Jubelrufe: Halleluja – Preiset Jahwe, lobet den Herrn! Dieser liturgische Lobpreis wird mit Ausnahme der österlichen Bußzeit das ganze Jahr über gesungen. Seinen Höhepunkt hat er jedoch in der Osternacht im dreifachen feierlichen Halleluja vor der Verkündigung von der Auferstehung unseres Herrn, nachdem er schon im

Osterlob (Exsultet) angeklungen ist: „Lobsinge, du Erde, überstrahlt vom Glanz aus der Höhe." Die ganze Osterzeit über kann dieser Lobpreis als doppeltes Halleluja dem Entlassungsruf am Ende des Gottesdienstes hinzugefügt werden, wenn die Gemeinde nach der Feier des Glaubens, der Liturgie, wieder zur Diakonie in der Welt auseinandergeht.

Sicher sieht unsere Welt anders aus als nach Halleluja-Gesang. Doch ist der Grund unserer Hoffnung, daß für Christus der Karfreitag nicht End-, sondern Durchgangsstation ist. Der alte Name für Ostern, Pascha, heißt ja soviel wie Hinübergang. Weil wir wissen, daß all unser Leben ein Hinübergang ist nach jener Gottesstadt, „auf deren Straßen man das Halleluja singt" (Tob 13, 22), „deshalb dürfen wir Halleluja singen" (Balthasar Fischer). Schon die ersten Christen haben dieses hebräische Gebetswort als Ausdruck ihres Osterjubels ausgewählt. Die Juden sangen und singen noch heute an den Hauptfesten das Hallel, die Psalmen 113–118. Der „Lobgesang", nach dem Jesus mit seinen Jüngern „zum Ölberg hinausging" (Mk 14, 26), war wohl dieses Hallel im Zusammenhang mit dem Abendmahl und damit auch im Zusammenhang mit seinem Leiden und Sterben.

Dieser Ruf wendet sich an den im Wort des Evangeliums gegenwärtigen Herrn und „muß von der ganzen Gemeinde gesungen werden" (so Pastorale Einführung in das Meß-Lektionar). Das Stehen ist für die Gemeinde die angemessene Haltung in Erwartung der Verkündigung des Evangeliums. Es kann von allen gemeinsam begonnen oder vom Chor oder Kantor angestimmt und gegebenenfalls von allen wiederholt werden.

Daß es dem Lebensgefühl auch unserer Zeit entspricht, so zu jubeln, zeigt das Taizé-Halleluja, das von jungen Menschen begeistert gesungen wird, so begeistert, daß eine große seriöse Tageszeitung angesichts des Freiburger Katholikentages die Titelzeile wählte: „Die Halleluja-Schlümpfe von Freiburg". Lobet den Herrn, denn groß ist sein Erbarmen!

30 Darf die Predigt einfach ausfallen?

Das Wort *Predigt* ist abgeleitet von lateinisch „praedicare = laut verkünden" und meint im engeren Sinn – entsprechend der geschichtlichen Entwicklung – die Verkündigung in einem selbständigen Gottesdienst, seit dem Hochmittelalter weitgehend einem eigenen Predigtgottesdienst, für den die Kanzel als eigener Verkündigungsort geschaffen wurde. „Die sonntägliche Hauptpredigt war bis in unser Jahrhundert hinein nicht selten eine solche Art von Prädikantengottesdienst, indem sie vor dem Hochamt oder zwischen zwei gut besuchten Meßfeiern gehalten wurde, ein Zustand, der noch vor dem Zweiten Vatikanum fast überall zugunsten einer in den Sonntagsgottesdienst eingebauten Predigt abgeschafft wurde, allerdings noch vielfach von der Meßfeier abgehoben durch Ablegen der Meßgewänder, Auslöschen der Kerzen und anderes mehr" (Adam/Berger, Pastoralliturgisches Handlexikon, Freiburg ²1981). Damit sollte verdeutlicht werden, daß die Predigt keinesfalls Teil der Meßfeier selber war, denn hier wurde ja das Wort des Priesters und nicht das der verordneten Texte gesprochen.

Die Liturgiereform gab der Predigt wieder ihren Stellenwert im Gesamtgeschehen der Liturgie zurück und nannte diesen Teil nunmehr *Homilie*. Dieses griechische Lehnwort bezeichnet die Auslegung eines heiligen Textes im Gottesdienst. So ist es uns aus der Synagoge bekannt, aber auch bei den Bischöfen des Altertums. Die Homilie ist der Liturgiefeier stärker verbunden als die davon eher losgelöste Predigt, sie ist „Teil der Liturgie und wird nachdrücklich empfohlen, denn sie ist notwendig, um das christliche Leben zu stärken" (AEM 41). Damit ist eigentlich schon die Frage beantwortet. Zur Verpflichtung der Pfarrer wird sogar noch hinzugefügt: „An Sonn- und gebotenen Feiertagen ist in allen Messen, an denen Gläubige teilnehmen, eine Homilie zu halten; sie darf nur aus einem schwerwiegenden Grund ausfallen; für die übrige Zeit ist sie besonders für die Wochentage des Advents, der Fasten- und

Osterzeit empfohlen und auch für andere Feste und Anlässe, bei denen die Gläubigen zahlreicher zum Gottesdienst kommen" (AEM 42). Die Bedeutung der Homilie wird auch dadurch betont, daß in der Regel der Leiter des Gottesdienstes selbst sie halten soll.

Nun ist es mit einer Anweisung allein nicht getan. Es ist nicht so leicht, Sonntag für Sonntag oder gar noch an Wochentagen möglicherweise vor einem mehr oder weniger immer gleichen Hörerkreis die Schrift auszulegen. Erleichtert wird das allerdings dadurch, daß es sich seit der Reform ja um immer wieder andere Texte handelt, sich die Schriftlesungen kaum wiederholen, an gewöhnlichen Sonntagen gar nur alle drei Jahre. Da jeweils drei Lesungen in der Sonntagsmesse zur Verfügung stehen und viele Gläubige über die oft unverständlichen Texte vor allem auch des Alten Testamentes klagen, müßte es schon möglich sein, immer wieder neue Gedanken in die Homilie einzubringen. Voraussetzung dafür ist allerdings, daß sich der Prediger mit diesen Texten befaßt, die entsprechende exegetische Literatur benutzt, sich durch die mannigfachen Predigthilfen anregen läßt.

Darüber hinaus ist es ja möglich, auch einen „anderen Text aus dem Ordinarium oder aus dem Proprium der Tagesmesse unter Berücksichtigung des Mysteriums, das gefeiert wird, und der besonderen Bedürfnisse der Hörer" (AEM 41) auszulegen, mit anderen Worten: liturgische Texte und Handlungen zu erklären und zu vertiefen.

Sicher gehört die Meß-Homilie zu den wichtigsten und wirksamsten pastoralen Bemühungen der Gegenwart. Sie hat keinen beliebig freien Spielraum und stellt nicht geringe Ansprüche an den Prediger. „Ihre wichtigste Voraussetzung dürfte allerdings die sein, daß der Prediger selbst geprägt ist vom lebendigen Glauben an das gegenwärtige und durch nichts zu ersetzende Heilsmysterium" (Adolf Adam).

31 Fürbitten –
nur eine Scheinmitwirkung der Laien?

Die Fürbitten am Ende des Wortgottesdienstes besaßen schon von Anfang an eine hohe Bedeutung: nur die Getauften durften daran teilnehmen, weil diese ausdrücklich als Gebet des „ausgewählten Gottesvolkes, der königlichen Priesterschaft" (1 Petr 2,9) empfunden wurden. Sie sind also Gebet der Gläubigen aufgrund ihres allgemeinen Priestertums, denn Jesus Christus „hat uns zu Königen gemacht und zu Priestern vor Gott, seinem Vater" (Offb 1,5 f.). Dieses priesterliche Amt nimmt die Gemeinde für die ganze Welt bewußt wahr, wenn sie betet „für die heilige Kirche, die Regierenden, für jene, die von mancherlei Not bedrückt sind, für alle Menschen und für das Heil der ganzen Welt" (AEM 45). Schon das Neue Testament fordert öfter zum Gebet für die anderen auf (vgl. 1 Tim 2,1–4; 2 Kor 1,11; Eph 6,18 f.). So heißt dieses Gebet folgerichtig lange Zeit „Gebet der Gläubigen" oder von seinem Inhalt her, nämlich der Gebetsmeinung für die Anliegen der Welt, auch das „Allgemeine Gebet", von der liturgischen Hochschätzung her „feierliches Gebet". So „übt die Gemeinde durch ihr Beten für alle Menschen ihr priesterliches Amt aus. Dieses Gebet gehört für gewöhnlich zu jeder mit einer Gemeinde gefeierten Messe ..." (AEM 45). Von seinem Charakter her ist das Fürbittgebet also Volksteil, kein Präsidialgebet des Vorstehers und daher sicher keine „Scheinmitwirkung der Laien". Im Gegensatz zum Osten verschwindet es im Westen schon im 5. Jahrhundert aus der Liturgie und wird durch die Kyrie-Litanei am Anfang des Wortgottesdienstes ersetzt. Erst das Zweite Vatikanische Konzil fügt es wieder in unsere Liturgie ein.

Aus theologischen Gründen gehören die Fürbitten also zu jeder Meßfeier dazu, wenn sie auch bei Meßfeiern ohne Gemeinde nicht verpflichtend sind. Ihr Inhalt soll in dieser Reihenfolge zunächst die Anliegen der Gesamtkirche berücksichtigen, dann soll das Gebet für die Regierenden und das Heil der ganzen Welt folgen, dann das für alle Notleidenden und schließlich für die Ortsgemeinden. Bei besonderen Meßfeiern (zum Beispiel Firmung, Trauung, Begräbnis) kann die Reihenfolge den besonderen Anlaß berücksichtigen. Immer aber soll hier über die versammelte Gemeinde hinausgeblickt werden. Bitten für all das, was diese Gemeinde betrifft – etwa Verstorbene –, gehören an eine andere Stelle, zum Beispiel in das Eucharistische Hochgebet.

Es widerspricht nicht dem Charakter des Volksgebetes, wenn es heißt (AEM 47), daß es „Aufgabe des Priesters ist, dieses Gebet zu leiten, die Gläubigen zum Gebet einzuladen und es zu beschließen". So ergibt sich folgender Aufbau: 1. Gebetsaufforderung des Priesters; 2. das Nennen der Anliegen, wobei die vier genannten Gruppen unterschieden werden; 3. der Teil, der die Teilnahme der Gläubigen ausdrückt; 4. das abschließende Gebet des Priesters. Die Aufforderung des Vorstehers sollte in der Regel kurz sein und sich an die Gemeinde richten, nicht an Gott, zum Beispiel: „Brüder und Schwestern, im Namen Jesu Christi bitten wir." Die Gebetsanliegen, die bei uns wohl meist durch einen Lektor (aber auch Diakon oder Kantor) vorgetragen werden, sind noch kein Gebet, zum Beispiel: „Für alle, die in Angst leben…" Jetzt folgt der wichtigste Teil, das eigentliche Gläubigengebet, mit folgenden Möglichkeiten: 1. Kurze Antwort, zum Beispiel: „Wir bitten dich, erhöre uns"; 2. stilles Gebet, zum Beispiel wie Fürbitten am Karfreitag; 3. Stille – gemeinsames Sprechen oder Singen eines Gebetstextes nach dem Schema: das Anliegen wird genannt; Stille für fürbittendes Beten der Gemeinde; Aufforderung zum Sprechen (Singen) eines gemeinsamen Gebetsrufes (zum Beispiel: „Erhöre uns, o Herr").

Das abschließende Gebet des Priesters ist ein zusammenfassendes Gebet ähnlich dem Tagesgebet. Er richtet es „in der Rolle Christi an der Spitze der Gemeinde stehend an Gott" (LK 33,2). Eine Kurzfassung könnte lauten: „Gütiger Vater, erhöre das Gebet deiner Gläubigen durch Jesus Christus, deinen Sohn." Auf keinen Fall aber sollte „aus den Fürbitten eine Form moralisierender und motivierender Bearbeitung der Gemeinde mit erhobenem Zeigefinger oder proteststarken Aufrufen" (Adolf Adam) gemacht werden.

Zur Eucharistiefeier –
Gabenbereitung

---

32 Was geschieht
bei der Gabenbereitung?

Nach dem Abschluß des Wortgottesdienstes mit den Fürbitten beginnt die Eucharistiefeier damit, daß „die Gläubigen Brot und Wein herbeibringen" (AEM 49). So steht
auch bei der Gabenbereitung wie bei allem liturgischen Geschehen die Aktivierung und Teilnahme der Gemeinde im
Mittelpunkt. Die Gestaltung muß daher diesen Vorgang als
Zentrum der Gabenbereitung deutlich erkennbar machen.
Alle anderen Elemente dieses Teiles der Meßfeier gruppie-
ren sich um dieses Zentrum herum: die Bereitung des Altares, der Gesang zur Gabenbereitung, die Entgegennahme
der Gaben, die Begleitgebete, die Inzensation mit Weihrauch, Handwaschung und Gabengebet.

Der Vorsteher sollte nach dem Allgemeinen Gebet der
Gläubigen, den Fürbitten, auf seinem Priestersitz Platz
nehmen. Erfahrungsgemäß setzen sich dann auch die Anwesenden, so daß Ruhe und Sammlung eintreten können.
Das Geschehen verlagert sich vom Priestersitz und Ambo
nun zum Altar.

Die Ministranten (wo möglich der Diakon) bereiten den
Altar, breiten das Korporale aus, bringen den leeren Kelch
von der Kredenz (der Diakon kann Wasser und Wein
schon an der Kredenz mischen) und das Meßbuch vom
Priestersitz herbei. Das Buch sollte nicht besonders in Erscheinung treten. Erst nach alldem begibt sich der Priester
zum Altar, um die sichtbar aus dem Gläubigenraum gebrachten Gaben entgegenzunehmen. Das Herbeibringen
von Brot und Wein hat eine spirituelle Aussagekraft. Diese

wird unterstützt und verdeutlicht, wenn „Geld und andere Gaben für die Armen oder für die Kirche... eingesammelt werden". Dieser „Opfergang" – heute durch den herumgereichten Kollektenkorb zumeist in seiner Zeichenhaftigkeit verkürzt – ist Ausdruck der Opfergesinnung der Gemeinde. Um die Verbindung mit dem Opfer Christi zu verdeutlichen, sollen diese Gaben – möglichst nach Annahme durch den Priester – an geeigneter Stelle in der Nähe des Altares niedergelegt werden.

Zur festlichen Gestaltung eines Opferganges oder einer Gabenprozession gehört ein Gesang, der entfällt, wenn in schlichter Feier die Gaben nicht in sichtbarem Zug zum Altar gebracht werden.

Wie zur Eröffnung ist der Gebrauch von Weihrauch für die Gaben sowie für Priester und Gläubige möglich – als Zeichen geläuterter Gesinnung, der Bereitschaft für den Herrn, aber auch einfach als gutes Raumklima. Der ursprüngliche Sinn der Handwaschung, die Hände zu reinigen, die mit den entgegengenommenen (Natural-)Gaben in Berührung gekommen sind, besteht nicht mehr. Manche wünschen daher, daß sie ganz entfällt. Heute soll dadurch „das Verlangen nach innerer Reinigung" zum Ausdruck kommen (AEM 52).

33 Weshalb werden Wein und Wasser miteinander gemischt?

Die Beimischung von ein wenig Wasser in den Kelch mit Wein bei der Gabenbereitung hat eine uralte Tradition in der Eucharistiefeier. Dieser Brauch ist schon bei Justin († 150) belegt. Zwar war die Mischung von Wein und Wasser wohl kein ursprünglich palästinensischer Brauch. Doch war er im hellenistischen Raum üblich und ist daher auch zur Zeit Jesu in Palästina beachtet worden. Dabei ging und geht es auch heute noch – vor allem in den Ländern um das

Mittelmeer – in erster Linie um die Genießbarkeit, die dazu veranlaßt, besonders starke Weine nicht ohne Wasser zu trinken. Bezüglich der Eucharistiefeier gab es allerdings von Anfang an keinen ganz einheitlichen Brauch. Zwar kennt ihn die liturgische Tradition aller Kirchen, doch hat er sich bei den Armeniern nicht durchgesetzt. Und auch die reformatorische und die anglikanische Kirche haben die Mischung nicht übernommen.

Die Neuordnung der Meßliturgie hat dennoch daran festgehalten. Für die Deutung dieses Ritus ist dabei das Begleitgebet heranzuziehen, das beim Eingießen des Wassers in den Wein leise gesprochen wird: „Wie das Wasser sich mit dem Wein verbindet zum heiligen Zeichen, so lasse uns dieser Kelch teilhaben an der Gottheit Christi, der unsere Menschennatur angenommen hat." Die Schwierigkeit des Textes liegt „darin, daß es sich bei der Vereinigung von Menschheit und Gottheit in Christus (die Deutung der östlichen Liturgien) und von Christus und begnadetem Menschen (die Deutung des Westens) keineswegs um eine Vermischung handelt. Das hat das Konzil von Chalzedon im Jahre 451 bezüglich der hypostatischen Union mit seiner Formel ‚nicht vermischt und nicht getrennt' schon definiert" (Emil J. Lengeling).

Zwar kommt im Text das Wort Mischen nicht vor, doch bleibt die sachliche Schwierigkeit, da ja in der Tat Wein und Wasser sich im Ritus vermischen. Zu beachten ist überdies, daß diese Mischung – was der Text andeuten könnte – keineswegs unsere Verbindung mit Christus vermittelt.

Als eine Lösung bietet sich die Rückkehr zu einer Deutung an, die auf Ambrosius zurückgeht: Wein und Wasser weisen auf Blut und Wasser, die aus der Seite Christi flossen (Joh 19,34). In einem breiten Strom der Überlieferung hat man darin ein äußeres Zeichen für die Entstehung der Kirche und ihrer beiden Grundsakramente, Taufe und Eucharistie, gesehen. So formuliert es auch das Zweite Vatikanische Konzil: „Aus der Seite des am Kreuz entschlafenen Christus ist das wunderbare Geheimnis der ganzen Kirche hervorgegangen" (LK 5).

Dies ist eine österliche Deutung, während die der Verbindung von Gottheit und Menschheit, der Inkarnation also, eine weihnachtliche Deutung darstellt. Insofern wäre es vielleicht besser gewesen, den österlichen Gesichtspunkt auch im Begleittext deutlich herauszustellen, handelt es sich doch bei der Eucharistiefeier im Kern um das Gedächtnis von Tod und Auferstehung unseres Herrn. Das wäre etwa im Anschluß an Joh 19,34 und Jes 12,3 leicht möglich gewesen, zum Beispiel: „Aus dem Herzen Christi strömen Blut und Wasser. In Freude schöpfen wir aus den Quellen des Erlösers." Auch die dritte österliche Antiphon, die das neue Meßbuch zur sonntäglichen Wassersegnung (Asperges) bietet, wäre brauchbar: „Aus deiner Seite, Christus, strömte ein Quell des Wassers hervor, durch den die befleckte Welt abgewaschen und das Leben erneuert wird."

Bei alldem ist aber immer zu beachten, daß es sich bei der Beimischung von Wasser um einen zweitrangigen Ritus handelt, der nicht zum wesentlichen Geschehen der Eucharistiefeier gehört. Die Gültigkeit des Herrenmahles hängt nicht davon ab, auch reiner Wein wäre an sich möglich. Wenn man jedoch nun einmal dem „Mischwein den Vorzug gibt, sollte die Mischung bei der Gabenbereitung ganz dezent vorgenommen werden. Jedenfalls darf sie sich gegenüber den bedeutsameren Akten nicht ungebührlich in den Vordergrund drängen" (Hermann Reifenberg). Für eine Frontstellung „reiner Wein" und „Mischwein" gibt es heute keine Grundlage. Beide Positionen vermögen Ausdruck zwar unterschiedlicher, aber doch zugleich miteinander vereinbarer theologischer Aussagen zu sein.

34 Ist die Messe „unser Opfer"?

Während der Gabenbereitung betet der Priester. „Nimm uns an und gib, daß unser Opfer dir gefalle." Hier ist von „unser Opfer" die Rede. Dabei hat Christus selbst doch ein unwiederholbares Opfer in seiner Hingabe am Kreuz gebracht.

Es geht hier um ein Privatgebet des Priesters, das zwischen den Begleitgebeten zur Niederlegung von Brot und Wein auf dem Altar und der Händewaschung leise gesprochen werden soll und daher von der Gemeinde kaum vernommen wird. Es ist dies die grundsätzliche Frage nach der Eucharistiefeier als Opfer. Und das ist sicher eine der schwierigsten ökumenischen Fragen. Festhalten können wir aber, was die Gemeinsame römisch-katholische/evangelisch-lutherische Kommission in ihrem Dokument „Das Herrenmahl" (vgl. Kap. 52) erklärt hat: „Gemeinsam bekennen katholische und lutherische Christen, daß Jesus Christus im Herrenmahl als der Gekreuzigte gegenwärtig ist, der für unsere Sünden gestorben und für unsere Rechtfertigung wieder auferstanden ist, als das Opfer, das ein für allemal für die Sünden der Welt dargebracht wurde. Dieses Opfer kann weder fortgesetzt noch wiederholt, noch ersetzt, noch ergänzt werden; wohl aber kann und soll es je neu in der Mitte der Gemeinde wirksam werden. Über Art und Maß dieser Wirkung gibt es unter uns unterschiedliche Deutungen."

Nach katholischer Lehre wird in jeder Eucharistie durch Christus ein wirkliches Opfer dargebracht, in das die Gläubigen als Glieder seines Leibes einbezogen werden. Die Gläubigen sind durch Christus so mit Gott und miteinander vereint, daß sie Teilhaber werden an seiner Anbetung, seiner Selbsthingabe, seinem Opfer für den Vater. Durch dieses Einswerden zwischen Christus und den Christen bringt die Abendmahlsgemeinde Christus dar, indem sie einwilligt, in der Kraft des Heiligen Geistes durch ihn dem Vater dargebracht zu werden. Außer Christus haben wir keine Gaben, keine Anbetung, kein Opfer, das wir *von uns aus* Gott darbringen könnten. Deshalb weisen wir nicht auf uns, sondern auf ihn. Dieses die eigene Ohnmacht bekundende, sich ganz auf Christus verlassende und ihn ganz dem Vater vorstellende und darbringende Handeln ist gemeint, wenn die katholische Kirche zu sagen wagt, daß nicht nur Christus sich für die Menschen opfert, sondern daß auch sie ihn „opfert".

Die lutherische Tradition vermeidet bis heute jede Rede

von einem „Meßopfer", da man befürchtet, das Verständnis der Eucharistie als Opfer sei der Einzigkeit und Vollgenügsamkeit des Kreuzesopfers zuwider und stelle die alleinige Heilsmittlerschaft Christi in Frage. Vor allem nahm man früher Anstoß daran, daß die Kommunion in der Praxis der Katholiken zurücktrat. Den Grund sah man in der Messe als Opfer, so daß vom Empfang der Eucharistie dispensiert wurde und dem Priester eine selbstmächtige Opferkraft zukam. Hingegen bejahte die lutherische Reformation die Deutung des Herrenmahles als Dankopfer für das im Sakrament gegenwärtige Kreuzesopfer.

In diesen Fragen gibt es aber zunehmende Übereinstimmungen. Dabei ist es sicher gut, wenn wir uns daran erinnern, daß für die frühe Kirche die Gemeinde selbst das aktive Subjekt des Opferns ist. Zwar ist es der Gemeindeleiter, der die Lob- und Danksagung spricht, der die Geschichte des Heils verkündet, Gott dafür lobt, preist und ihm dankt und damit die Gegenwart des Heils für die versammelte Gemeinde in der Eucharistie kundtut. Aktives Subjekt der Eucharistie aber war die Gemeinde. Daher nahm der Vorsteher die Gaben von der ganzen Gemeinde entgegen, Gaben, die durch den Heiligen Geist zur Gabe des Leibes und Blutes des Herrn transformiert werden. So heißt es auch in der Einführung in das Meßbuch eindeutig: „In der Feier der Messe sind die Gläubigen eine heilige Gemeinde, das Volk, das Gott sich erworben hat, die königliche Priesterschaft, damit sie ihm danksagen und die makellose Opfergabe *nicht nur durch die Hand des Priesters, sondern auch zusammen mit ihm darbringen* und dadurch sich selber darbringen lernen" (AEM 62).

Dabei hat die Eucharistie aber nicht die Gestalt eines Opfers, sondern wird auftragsgemäß in der Gestalt eines Mahles begangen. Brot und Wein sind auch keine Opfergaben an Gott, sondern zeigen vielmehr „unsere Bereitschaft zu brüderlicher Gemeinschaft, in der Christus als der wahre Priester seine Hingabe an den Vater gegenwärtig macht... Darum gehört die Kommunion als Eingliederung in den Christusleib notwendig zur Messe auch unter ihrem Aspekt als Opfer" (Adam/Berger).

35 Verwirren nicht die verschiedenen Einladungsformen zum Gabengebet?

Die Gebetsaufforderung „Orate, fratres" („Betet, Brüder") ist die älteste noch vorkarolingische Zufügung zum römischen Meßordo auf fränkischem Boden. Sie wurde vom Priester vor dem Gabengebet an den um den Altar stehenden Klerus sowie die Altarassistenz gerichtet und forderte diese zum stillen Gebet auf. Eine Antwort wurde also nicht erwartet. Erst im Laufe der Zeit wird dies als Aufforderung zum Gebet an alle Gläubigen verstanden. Das tridentinische Meßbuch sieht dafür das „Suscipiat" als Antwort vor, so wie es auch für das heutige Meßbuch („Der Herr nehme das Opfer an") noch gilt. Dieser Fürbittruf ist seinem Ursprung nach aus einem theologischen Verständnis zu Beginn des Mittelalters erwachsen, das den Priester allein in das „schauererregende Geheimnis" der innersten Meßfeier eintreten sah. Hier sollte er das „gefährliche Gebet", wie das Hochgebet damals bezeichnet wurde, allein verrichten, dem Volk verhüllt durch den doppelten Schleier des leisen Sprechens und der lateinischen Sprache.

Da eine solche Auffassung heute theologisch nicht mehr haltbar ist, sollte dieses zeitbedingte Gebet in der Reform ganz gestrichen werden. Es war Papst Paul VI., der das nicht akzeptierte, da im Sinne einer größeren Gemeindebeteiligung dieses Wechselgebet zwischen Priester und Gemeinde nicht entfallen sollte.

Die Bedenken richten sich einmal gegen das Wort „Opfer" zu diesem Zeitpunkt. Gemeint ist hier die Bitte um Vereinigung des Selbstopfers mit dem nun vorbereiteten, aber erst später zu vollziehenden Opfer Christi, um dessen Annahme gebetet wird. Es ist also eine Vorwegnahme dessen, was eigentlich in das Hochgebet gehört. Die gleiche Bitte taucht schon am Ende der Begleitgebete zur Gabenbereitung unmittelbar vor der Händewaschung des Priesters in dem Gebet „In spiritu" („Herr, wir kommen zu dir...") auf, ein priesterliches Privatgebet, das besser hätte entfallen sollen. Das eigentliche Unbehagen richtet sich aber gegen die „klerikale Mentalität, die sich in der Doppelung ‚mein und euer Opfer‘ verrät" (Emil J. Lengeling), sowie gegen die Tatsache, daß es eine ausgesprochene Verdoppelung des nachfolgenden Gabengebetes darstellt.

Das deutsche Meßbuch hat versucht, dieses Unbehagen dadurch zu entschärfen, daß es insgesamt drei Formen anbietet: Die Formen A und B wandeln das „Orate, fratres" in Gebetseinladungen um, auf die keine Gemeindeantwort folgt. Nach einer kurzen Stille wird das Gabengebet der Tagesmesse gebetet. In der Form A wird dabei die Formulierung „mein und euer Opfer" mit „Gaben der Kirche" übersetzt, so daß der Text lautet: „Lasset uns beten zu Gott, dem allmächtigen Vater, daß er die Gaben der Kirche annehme zu seinem Lob und zum Heil der ganzen Welt." Die Form B begnügt sich schlicht mit der Aufforderung „Lasset uns beten", wobei auch eine andere geeignete Gebetseinladung verwendet werden kann. Nur die Form C gibt den ganzen lateinischen Text wieder. Auf die Aufforderung des Priesters „Betet, Brüder und Schwestern, daß mein und euer Opfer Gott, dem allmächtigen Vater, gefalle" (wobei „Schwestern" in der lateinischen Vorlage fehlt), antwortet die Gemeinde: „Der Herr nehme das Opfer an aus deinen Händen zum Lob und Ruhm seines Namens, zum Segen für uns und seine ganze heilige Kirche." Unmittelbar daran schließt der Priester mit ausgebreiteten Händen das Gabengebet an.

Obwohl die deutsche Fassung des Meßbuchs versucht hat, Besserungen zu erreichen, zeigt sich, daß die Gabenbereitung nicht ganz den liturgietheologischen Erkenntnissen entspricht. Das bezieht sich wohl auch auf die Händewaschung, die von einem priesterlichen Privatgebet begleitet wird.

Zur Eucharistiefeier –
Hochgebet

36 Welche Bedeutung hat das eucharistische Hochgebet?

„Im eucharistischen Hochgebet, dem Gebet der Danksagung und Heiligung, erreicht die ganze Feier ihre Mitte und ihren Höhepunkt", heißt es in der Einführung ins Meßbuch (AEM 54). Seine Bedeutung verlangt, „daß alle es in ehrfürchtigem Schweigen anhören und durch die vorgesehenen Akklamationen mitvollziehen" (AEM 55 h). Und eigens vor dem Hochgebet steht als Anweisung in der „Feier der Gemeindemesse" klar und deutlich: „Das Eucharistische Hochgebet wird vom Priester laut und vernehmlich vorgetragen." Hier ist also keinesfalls der Ort, wo Stille herrschen darf. Es ist weder eine Rückkehr zum „stillen Kanon" gestattet noch die Auslassung von Teilen. Beides kommt leider vor. Dabei geht es hier nicht nur einfach um einen Ungehorsam gegenüber einer Anordnung der Kirche, sondern um ein totales Mißverständnis dieses Teils der Eucharistiefeier. Das Hochgebet ist Amtsgebet, das der Priester als Vorsteher zwar spricht, das aber von der ganzen Gemeinde mitgetragen wird. Es handelt sich ja um keinen magischen Vollzug, bei dem etwa durch geheimnisvolle Worte eines „Eingeweihten" irgendein Wunder geschieht. Es geht vielmehr um die Mitte der Verkündigung, um die Erfüllung des Auftrags Jesu, den er seiner Gemeinde hinterlassen hat. Das Hochgebet enthält die entscheidende Aussage christlichen Glaubens, es ist wie *das Programm* für ein christliches Leben. Wenn ein Vergleich mit dem politischen Bereich erlaubt ist, könnte man das Hochgebet mit der programmatischen Rede des Parteivorsitzenden auf einem Parteitag vergleichen. Alle wissen, was im wesentlichen darin vorkommt, und doch hören alle zu, geben ihre Zustimmung durch ihre Akklamationen. Hier also ist keinesfalls der Ort, wo der einzelne Gläubige etwas „Frommes" für sich beten dürfte, hier ist er ganz gefordert von dem, was der Vorsteher spricht.

Es ist schon eine merkwürdige Entwicklung, daß wir in unseren Gottesdiensten oft den Wortgottesdienst über Gebühr ausdehnen und dann die dort „verlorene" Zeit ausgerechnet beim Hochgebet wieder „aufholen" wollen. Das ist wohl auch ein Grund dafür, daß so gern das Hochgebet II benutzt wird, das kürzeste eben. Zwar wird empfohlen, das Hochgebet II „besonders für Wochentage und bestimmte Anlässe" zu nehmen, das Hochgebet III „besonders für Sonn- und Festtage" und das Hochgebet IV „bei Gemeinschaften, die bereits über eine tiefere Kenntnis der Heiligen Schrift verfügen". Doch ist der Wechsel gewollt, „willkommen und nützlich, weil er zur Aufmerksamkeit anregt, die Frömmigkeit fördert und dem Beten eine besondere Färbung verleiht", wie es in einem Rundschreiben der Römischen Gottesdienstkongregation heißt. Deshalb sind für andere Anlässe weitere Hochgebete vorgesehen, das der „Versöhnung", das für Gehörlose oder auch die drei Hochgebete für Kindergottesdienste. In den Nachbarländern der Bundesrepublik gibt es sogar noch weitere Möglichkeiten, in der Schweiz zum Beispiel das Hochgebet „Gott führt die Kirche" (in vier Fassungen).

Es könnte noch einen anderen Grund dafür geben, wenn mancherorts der Hochgebetsteil möglichst rasch „übergangen" wird, nämlich daß der Inhalt schwer verständlich und die Struktur dieses Gebetes unbekannt sind. Aber dagegen läßt sich einiges machen: Inhalt und Struktur der Gemeinde erklären und das Hochgebet innerlich beteiligt (also weder unpersönlich und monoton noch zu stark subjektiv und pathetisch) sprechen – so daß es die Gemeinde im Zuhören wirklich mitvollziehen kann. Das wichtigste Element des Gottesdienstes sollte schließlich auch der wichtigste Gegenstand der Unterweisung sein. Wenn viele vom Hochgebet nicht *mehr* wissen, als daß es zur Wandlung notwendig ist, dann ist das eben zu wenig. Die Einführung der Volkssprache hat Erklärungen nicht überflüssig, sondern im Gegenteil noch dringlicher gemacht, weil die Teilnahme an der Eucharistiefeier „fromm" und „bewußt" sein soll.

37 Reichen die Einsetzungsworte für die Wandlung aus?

Wer meint, allein auf die Einsetzungsworte komme es an, befindet sich im Irrtum. Zwar hat westliche Theologie festgelegt, daß diese Worte im Kern die Verwandlung der Gaben von Brot und Wein in Leib und Blut Christi bewirken. Doch hieß das nie, alles andere sei unwichtig oder dürfe gar fehlen. Die Ostkirchen, deren Eucharistiefeier die katholische Kirche als gültig anerkennt, würden eine solche Auffassung nicht teilen. Für sie gilt die Epiklese (Bitte um Geistsendung) als wesentliches Element der Wandlung.

So ist also das ganze Hochgebet bedeutsam als Mitte und Höhepunkt der Eucharistiefeier. „Sinn dieses Gebetes ist es, die ganze Gemeinde der Gläubigen im Lobpreis der Machterweise Gottes und in der Darbringung des Opfers mit Christus zu vereinen" (AEM 54). Nicht zufällig ist eine der ursprünglichsten Bezeichnungen für unsere Meßfeier Eucharistia = Danksagung, die in dem gesamten eucharistischen Hochgebet entfaltet wird. Dazu gehören wesentliche Elemente, die immer vorkommen müssen, also nicht nur die Einsetzungsworte, und weniger bedeutsame Elemente, die auch einmal entfallen könnten.

Im Anschluß an die jüdische Gebetspraxis (Berakah) und die biblischen Berichte über das Abendmahl Jesu hat das Hochgebet in der gesamten christlichen Tradition den Charakter des Preisens und Dankens für die im Pascha-Mysterium gipfelnden Heilstaten Gottes. Daher ist hier nicht der Ort für Klagen, Reue und Zweifel. So gehören zu den Elementen, die in jedem Hochgebet enthalten sein müssen:

Danksagung und Lob: Schon im einleitenden Dialog wird die Gemeinde zum Dank aufgefordert, der auch den Beginn des Hochgebetes prägt. Dank und Lob können immer wieder aufgegriffen werden. In jedem Fall mündet das Gebet in einen abschließenden Lobpreis aus (vgl. Kap. 38).

Epiklese: Da der Mensch durch sein Tun nie über Gottes Wirken verfügen, sondern dieses immer nur erbitten und herabrufen kann, „erbittet die Kirche Gottes Kraft" (AEM 55 c). Diese Bitte kann sich auf die Gaben (Wandlungsepiklese) und auf die versammelte Gemeinde und ihre Teilnahme am eucharistischen Mahl (Kommunionepiklese) erstrecken. Es geht ja nicht allein um die Wandlung der Gaben, sondern durch den Empfang der eucharistischen Gaben auch um die Wandlung der Gläubigen in der Nachfolge ihres Herrn. Dabei ist die Erwähnung des Heiligen Geistes wünschenswert.

Einsetzungsworte: Diese Worte sind Teil des gesamten Lob- und Dankgebetes und bleiben in den Kontext des Hochgebetes eingebettet. Sie haben weder den Charakter eines bloßen Berichtes, noch sind sie eine für sich stehende Konsekrationsformel. Dabei lassen sich Einleitung und Herrenworte unterscheiden, wobei die Einleitungen in den vier römischen Hochgebeten unterschiedlich sind.

Anamnese: In der Anamnese, die sich an den Auftrag Jesu „Tut dies zu meinem Gedächtnis" anschließt, muß zum Ausdruck kommen, daß es sich um die sakramentale Gegenwärtigung der Heilstat Christi handelt und nicht um ein bloß subjektives Denken an ihn. Es geht dabei besonders um das Gedenken „des heilbringenden Leidens, der glorreichen Auferstehung und der Himmelfahrt" (AEM 55 e) des Herrn.

Darbringung: Mit der Anamnese ist auch die Gegenwart des Opfers Christi verbunden. An diesem Opfer läßt der Herr seine Kirche teilhaben, die sich der Hingabe ihres Herrn anschließt. Wichtig ist, daß hier keine das ökumenische Gespräch belastenden Mißverständnisse über das Verhältnis von Abendmahl, Kreuzesopfer und eucharistischem Opfer aufkommen können (vgl. Kap. 34).

Doxologie: Immer endet das Hochgebet mit einem feierlichen Schlußlobpreis (vgl. Kap. 38).

Andere Elemente sollen gebührend häufig vorkommen:

Sanctus: Dieser biblische Text betont den Charakter des Hochgebetes als Preisgesang. Er ist Gemeindeteil und wird von allen gemeinsam mit dem Priester möglichst gesungen (vgl. Kap. 40).

Interzessionen: Das sind Bitten, die zum Ausdruck bringen, „daß die Eucharistie in Gemeinschaft mit der ganzen Kirche, der himmlischen wie der irdischen, gefeiert wird und daß die Darbringung für sie und alle ihre Glieder, die Lebenden wie Verstorbenen, erfolgt" (AEM 55g). Damit keine Verdoppelung zu den Fürbitten eintritt, soll dieses Gedenken möglichst kurz sein und nicht aus der Gesamtstruktur des Gebetes herausfallen.

Zur Grundgestalt des Hochgebetes gehört, daß es immer Gebet zum Vater Jesu Christi ist. Dabei sind die verschiedenen Elemente alle miteinander organisch zu einem Gebetsganzen verbunden. Das muß nicht gelten für die Akklamationen der Gemeinde, die sich mit ihren Rufen (z. B. nach den Einsetzungsworten) auch an Christus wenden kann. Seiner Funktion nach ist das Hochgebet ein Amtsgebet des Priesters in der Gemeinde, die zustimmen, antworten und einzelne Elemente entfalten kann. Diese erwünschte Gemeindebeteiligung soll so beschaffen sein, daß die Führung durch den Priester deutlich erkennbar bleibt (vgl. Kap. 39).

So wird deutlich, daß die Einsetzungsworte für sich nicht hinreichen, daß auf sie allerdings auch nicht verzichtet werden kann.

38 Sind Dank und Lobpreis die Höhepunkte des Hochgebetes?

Diese Frage zielt auf das erste und das letzte der Struktur-elemente des eucharistischen Hochgebetes. Nach dem drei-gliedrigen Dialog, der das gesamte Hochgebet eröffnet, folgt die Präfation. Lange Zeit wurde dieser Teil falsch ver-standen als Vorwort oder Vorrede. In vorkonziliaren Meß-büchern begann der Kanon daher auch erst nach der Präfation, die schon deshalb, weil sie ja häufiger wechseln konnte, nicht als zum Hochgebet gehörig gezählt wurde. Gemeint ist aber etwas anderes: Vor Gott und der Ge-meinde „preist der Priester den Vater und dankt ihm für das gesamte Werk der Erlösung oder, entsprechend dem Tag, dem Fest oder der Zeit, für ein bestimmtes Geheimnis des Heilswerkes" (AEM 55a).

Die Präfation – ursprünglich ist wohl Prophetie gemeint, mit der der Vorsteher nach seinen Möglichkeiten Gott lob-preist – trägt daher neben der Doxologie, dem Schlußlob-preis des Hochgebetes, vor allem den Charakter der Eucharistia, der Danksagung. Dieser Charakter ist unver-zichtbar, wenn die Meßfeier Eucharistia im Auftrag Jesu sein soll. Ihr Adressat ist der Vater. Der lobpreisende Dank gilt daher Gott in seiner Herrlichkeit, die sich in Schöpfung und Heilsgeschichte enthüllt. Er umfaßt Vergangenheit, Gegenwart und Zukunft.

„Christliche Eucharistia hat in ihrem Mittelpunkt das Wirken Gottes in Jesus Christus, das zu preisen die Kirche nie müde werden darf, selbst nicht in den dunkelsten Situa-tionen des menschlichen Daseins" (Manfred Probst). Die Doxologie, die feierliche Ausrufung der Herrlichkeit, der Doxa (griechisch) Gottes, am Ende des Hochgebetes, nimmt dies wieder auf: „Durch ihn (Jesus Christus) und mit ihm und in ihm ist dir, Gott, allmächtiger Vater, in der Einheit des Heiligen Geistes alle Herrlichkeit und Ehre jetzt und in Ewigkeit." Die Gemeinde stimmt dem durch ihr „Amen" zu.

In weniger feierlicher Form wird jedes Gebet mit einer solchen Doxologie abgeschlossen. So wird „die preisende Verherrlichung Gottes zum Ausdruck gebracht und durch die Akklamation der Gemeinde bekräftigt und abgeschlossen" (AEM 55h). Insofern dieser mächtige Schlußakkord der Mitte christlichen Betens in der Eucharistiefeier alle Aussagen des Hochgebetes zusammenfaßt, bringt er tatsächlich das Zentrale zum Ausdruck und erweist sich damit als Entfaltung der Doxologie des Epheserbriefes 3, 20f.: „Ihm aber, der durch seine wirksame Kraft in uns unendlich mehr zu tun vermag, als wir erbitten und denken können: ihm sei Ehre in der Kirche und in Christus Jesus."

Ob das dazu führen müsse, wie eine andere Zuschrift meint, daß die gesamte Gemeinde diesen Schlußlobpreis gemeinsam singt, ist eine andere Frage. Immerhin ist das „Amen" wohl wirklich ein wenig dürftig an dieser Stelle. Es sollte vielleicht feierlich von der Gemeinde dreimal gesungen werden, um diese Bedeutung bewußter zu machen.

Die Vielzahl der Präfationen, die wir heute wieder kennen, hat ihren guten Grund. Hier wird ja der Dank und das Lob der Gemeinde anschaulich. So hat jede Präfation einen dreigliedrigen Aufbau: die Einleitung mit der Aufforderung zum Dank, die rühmende Darstellung der Heilstat und die Überleitung zum Gesang des Sanctus. Da jede Eucharistiefeier einer besonderen Heilstat Gottes gedenkt – etwa im Wirken Jesu oder im Leben eines Heiligen –, hat schon das älteste Sakramentar der abendländischen Kirche für jede Meßfeier eine eigene Präfation, insgesamt 267. Zwischenzeitlich kam es zu erheblichen Kürzungen, doch hat das neue Meßbuch wieder über 80.

Denkbar wäre auch eine andere Möglichkeit, um der Aktualität jeder Eucharistie gerecht zu werden: eigene Hochgebete für verschiedene Anlässe. Aber das wäre wohl doch zuviel des Guten. Daher ist die gegenwärtige Möglichkeit, den jeweiligen Anlaß im ersten Teil des Hochgebetes, nämlich der Präfation, zum Ausdruck zu bringen, gegebenenfalls auch noch durch Einschübe in weiteren Teilen des

Hochgebetes, wohl eine Form, die allgemein akzeptiert werden kann. Ob allerdings die Präfationen immer bestmöglich formuliert sind, ist eine andere Frage.

39 Warum spricht nur der Priester das Hochgebet?

In der Einführung ins Meßbuch heißt es eindeutig: „Unter den Gebeten, die dem Priester zukommen, steht an erster Stelle das eucharistische Hochgebet als Höhepunkt der ganzen Feier" (AEM 10). Es gehört wie Tages-, Gaben- und Schlußgebet zu den Gebeten, die „vom Priester, in dem Christus selbst der Gemeinschaft vorsteht, im Namen des ganzen heiligen Volkes und aller Anwesenden an Gott gerichtet" werden. „Sie werden daher mit Recht ‚Amtsgebete' genannt." Daß diese Amts- oder Präsidialgebete dem Priester – und das heißt dem Vorsteher der gottesdienstlichen Versammlung – zukommen, ist kein zufälliges liturgiegeschichtliches Ergebnis, sondern eine Ableitung aus dem Wesen dieser Gebete und dem Wesen des Amtspriestertums. Der Träger des Vorsteher-Amtes kann bei diesem Beten nicht beiseite stehen, sondern muß als Leiter tätig sein. Das Präsidialgebet verlangt als Sprecher vor Gott grundsätzlich den „ranghöchsten" Anwesenden.

Das läßt sich schon anthropologisch begründen: bei keiner Versammlung sonst käme man auf die Idee, die entscheidende programmatische Rede, die der Vorsitzende im Auftrag der Versammelten hält, etwa gemeinsam von der Versammlung oder im Wechsel zwischen Vorsitzendem und Versammlung sprechen zu lassen. Obwohl etwa bei einem Parteitag die entscheidende Rede des Vorsitzenden zum Programm der Partei oft allen Delegierten im Wortlaut vorliegt, ist dies undenkbar. Wohl gibt es Akklamationen der Versammelten, Beifall, Zwischenrufe. Wenn wir dies auf das Hochgebet übertragen, ist es sehr wohl angemessen, daß die Gemeinde Akklamationen spricht oder singt.

Solche Volksteile sind ja der Dialog zu Beginn, das Sanctus nach der Präfation, die Akklamation nach den Einsetzungsworten und das bestätigende Amen nach der Schlußdoxologie.

Eine theologische Begründung, die nur mit dem Wesen des Priesteramtes argumentiert, etwa allein auf die „Konsekrationsvollmacht" abhebt, wird der Vorsteher-Rolle bei den Amtsgebeten allerdings nicht gerecht. Das Wesen des Präsidialgebetes besteht ja vor allem darin, daß eine Person namens der Versammelten in besonders feierlicher Weise zu Gott spricht, dieses Gebet „im Namen aller durch Jesus Christus an Gott den Vater richtet" (AEM 54). „Da die in der Wir-Form gesprochenen Gebete gewöhnlich nicht von allen auswendig gewußt werden und von der Sache her auch heute noch frei formuliert sein könnten, erhält diese intensive Art der Rede zu Gott ein prophetisches Moment: Wie in der prophetischen Rede der Verkünder von Gott her zur Gemeinde spricht, so spricht der Vor-Beter beim Präsidialgebet von der Gemeinde her zu Gott. Das ist aber auch dann gegeben, wenn der Leiter der Versammlung, der die Gebete spricht, nicht Priester ist, zum Beispiel im Fall eines von einem Diakon oder Laien geleiteten Wortgottesdienstes" (Karl Amon). Das allgemeine Priestertum schließt die Möglichkeit einer Ausübung dieser Rolle an sich nicht aus. Das gilt allerdings nicht für das Hochgebet, da zur Gültigkeit der Eucharistiefeier der geweihte Priester gehört.

Wenn heute hier und da das Sprechen des Hochgebetes der ganzen Gemeinde zugewiesen wird, so ist das ein Irrweg. Eine solche Praxis ist nicht nur ohne jedes Beispiel in der Geschichte aller Liturgien, sondern auch gegen die Natur der Sprache, die gemeinsames Sprechen nur bei kurzen Texten zuläßt. Vor allem verkennt man so die Natur der Kirche als des hierarchisch geordneten Gottesvolkes und das Wesen ihrer liturgischen Versammlung. In ihr „soll jeder, sei er Liturge oder Gläubiger, in der Ausübung seiner Aufgabe nur das und all das tun, was ihm aus der (unwandelbaren) Natur der Sache und gemäß den (wandelbaren) liturgischen Regeln zukommt" (LK 28). Ein Mitsprechen von Teilen des Hochgebetes durch die Gemeinde verdunkelt die Zeichenhaftigkeit und ist daher nicht wünschenswert. Besser scheint es, weitere Akklamationen für die Gemeinde zu schaffen, so wie es sie in den Kinder-Hochgebeten schon gibt.

40 Kann der Chor das Benedictus auch nach den Einsetzungsworten singen?

Eine Lösung ist dann nie einfach, wenn zwei unterschiedliche Konzeptionen von Eucharistiefeier aufeinanderstoßen. Die „klassische Messe" ist halt nicht einfach mit der Eucharistiefeier der Gemeinde in Einklang zu bringen, was Form und Ablauf betrifft. Die früheren Meß-Kompositionen gingen davon aus, daß die Gemeinde kein Träger der Liturgie ist. Sie war stiller Zuhörer, während nur der Klerus „die Messe las". Komponisten konnten so wunderbare Werke schaffen, die nur einen Nachteil haben: sie stehen oft nicht im Dienste der Liturgie, wenn Liturgie verstanden wird als Feier einer dabei tätigen Gemeinde. Die Liturgiereform geht davon aus, daß alles, was in der Feier geschieht, im Dienste der Liturgie selbst stehen muß. Und es war besonders schwer für die Kirchenchöre, diese Neuorientierung zu akzeptieren. Denn bei den feierlichen Meß-Kompositionen bestimmt ja allzuoft die Komposition die Liturgie und nicht umgekehrt. Das macht sich besonders beim Hochgebet bemerkbar. Solange dies lateinisch und leise gesprochen wurde, war es ja geradezu sinnvoll, den Chor einzusetzen, um diese lang anhaltende Stille zu überbrücken. Im Anschluß an die Präfation wurde der erste Teil des Sanctus, das „Heilig, heilig, heilig" in erhebender Weise bis zu den Einsetzungsworten entfaltet. Da diese als wichtigster Meß-Teil galten, auf den sich die Gläubigen in Ehrfurcht zu konzentrieren hatten, mußte da der Chor aussetzen. Aber im Anschluß daran war bis zum Vaterunser Gelegenheit, den zweiten Teil des Sanctus, das Benedictus, zu singen: „Hochgelobt sei, der da kommt im Namen des

Herrn. Hosanna in der Höhe." Kommt es aber nicht mehr nur auf die Einsetzungsworte an, sondern auf alle Elemente des gesamten Hochgebetes, ist eine Kollision nicht zu vermeiden.

Welche Möglichkeiten bieten sich an? Liturgiegerecht wäre, den Gesang vollständig unmittelbar nach der Präfation einzufügen. Das ist wohl tatsächlich unmöglich. Der Fragesteller schreibt: „Wir haben es auch schon während der Kommunionausteilung gesungen. An dieser Stelle ist es aber naturgemäß im Kirchenschiff sehr unruhig, und wir Sänger können auch nicht kommunizieren." Dennoch scheint dies die beste Möglichkeit, wenn man nicht ganz auf das Benedictus verzichten will. Der Kommuniongang des Chores muß sich doch trotz des Gesangs ermöglichen lassen. Dieser Kirchenchor aber möchte bei dem Gesang nach dem Einsetzungsbericht bleiben, denn „den gesprochenen Kanon hört man so oft im Kirchenjahr, daß man einmal im Monat eine Messe auch anders gestalten kann". Doch dann wird die Grundstruktur der Liturgie erheblich in Frage gestellt.

Eine andere Frage lautet: „Warum ist das Kreuzzeichen beim Benedictus verschwunden? Die orthodoxen Griechen schätzen das Kreuzzeichen viel mehr." Nun, das hat mit dem Verständnis des Benedictus zu tun. Dieses lateinische Wort steht sowohl für „segnen" als auch für „preisen, loben". Irgendwann im Laufe der Geschichte wurde das an dieser Stelle wohl nicht mehr richtig verstanden und wie bei allen Segnungen das Kreuz geschlagen. Weshalb aber ein Kreuz, wenn es heißt „Hochgelobt sei, der da kommt im Namen des Herrn"? Daher wurde es beim Benedictus durch die Reform nicht mehr aufgegriffen.

41 Heißt es im Einsetzungsbericht „für alle" oder „für viele"?

„Bei den Einsetzungsworten heißt es heute: ‚Mein Blut, das für euch und für alle vergossen wird'. Dabei steht im lateinischen Text des Meßbuchs ‚pro multis'. Nun hat Jesus sicher nicht lateinisch gesprochen. Doch wie heißt es nun richtig: ‚für alle' oder ‚für viele'?"

Tatsächlich gab es um die Übersetzung des Einsetzungsberichtes im neuen Meßbuch heftige Auseinandersetzungen. Während der lateinische Text und so auch die vorkonziliare deutsche Schott-Übersetzung bei den Kelchworten sagt, daß das Blut des Herrn „für euch und für viele vergossen wird", hieß es in der ersten Neu-Übersetzung nach dem Konzil „für die vielen" und jetzt sogar „für alle". Manche sahen darin einen so schwerwiegenden Eingriff, daß sie die Gültigkeit einer solchen Meßfeier in Frage stellten.

Vergleicht man die neutestamentlichen Einsetzungsberichte des Herrenmahls (Mk 14,22–25; Mt 26,26–29; Lk 22,15–20; 1 Kor 11,23–26) mit denen der Hochgebete in der Eucharistiefeier, so wird deutlich, daß hier keiner der Texte des Neuen Testaments wortwörtlich wiedergegeben wird. Wenn es beim Deutewort über den Kelch heute heißt „für euch und für alle", so ist das ein Versuch, die sich unterscheidenden biblischen Berichte miteinander zu verbinden. Das *„für euch"* nimmt die Formulierung des lukanisch-paulinischen Typs des Einsetzungsberichtes auf (hyper hymon); das *„für alle"* bezieht sich hingegen auf den markinisch-matthäischen Typ (hyper pollon). Dabei gehen die Exegeten heute davon aus, daß die letztere Formulierung die ursprünglichere ist. Zu beachten ist, daß „hyper pollon" wörtlich übersetzt zwar tatsächlich „für viele" heißen kann, aber im Hebräischen „die vielen", die nicht mehr zu zählenden Vielen, die Masse, also alle bezeichnet.

Entscheidender ist, daß immer wieder der universale Heilswille Gottes im Neuen Testament betont wird, so daß es auch in der Absicht des Herrn lag, sein Blut für alle zu vergießen, wie es sich etwa aus Röm 8,32; 2 Kor 5,14f.; 1 Tim 2,6; 1 Joh 2,2 ergibt. Auch Joh 6,51 bietet einen entsprechenden Hinweis innerhalb der großen Eucharistierede. Zu bedenken ist auch die biblische Theologie von dem stellvertretenden Sühneleiden des Messias (Mk 10,45; 14,24). Zwar heißt es auch hier im Lateinischen „für viele", muß aber im Hebräischen und damit im ursprünglichen Sinn wieder als „für alle" verstanden werden. Der Herr ist nicht „für viele" im Gegensatz zu wenigen gestorben, sondern für alle Menschen.

So übersetzt die heutige deutsche Übersetzung das lateinische „pro multis" des Einsetzungsberichtes durchaus richtig, wenn sie es mit „für alle" wiedergibt. Übrigens hat auch schon der Einsetzungsbericht des alten Kanon am Gründonnerstag immer gesagt: „Am Abend, bevor er für unser und aller Heil litt..." So wird der umfassende Heilswille Christi richtig wiedergegeben. Das lateinische „für viele" faßt „mehr die eintretende Wirkung, nicht die Heilsabsicht ins Auge. Denn nach katholischer Glaubenslehre gehen manche Menschen tatsächlich verloren. Insofern haben beide Ausdrücke ihre Daseinsberechtigung" (Adolf Adam). „Wer den Sinn ,für alle' leugnet, steht in der Gefahr jansenistischer, ja kalvinistischer Anschauungen. Wer den Wortlaut ,für viele' übersieht, erkennt nicht die Sorge des Herrenwortes um die, die sich abwenden" (Theodor Schnitzler).

Die römischen Gremien, die alle Übersetzungen der einzelnen Bischofskonferenzen intensiv geprüft haben, sahen keine Probleme in der Übertragung „für alle", die ja durch das vorhergehende „für euch" ergänzt wird. So haben es auch einige andere Sprachgebiete gehalten. Im Italienischen heißt es „per tutti", im Englischen „for you and for all men" und im Französischen ein wenig anders: „pour vous et pour la multitude", für eine große Zahl, die Volksmenge etwa. Zusammenfassend läßt sich also sagen: der Wortlaut heißt „für viele", doch der Sinn dieser Stelle ist eindeutig „für alle", so daß nach unserer theologischen Erkenntnis nur diese Übertragung in Frage kommen kann.

42 Stille beim Gedächtnis der Verstorbenen?

Im ersten Hochgebet lautet ein Hinweis: „Er (der Priester) faltet die Hände und verweilt mit der Gemeinde eine kurze Zeit im stillen Gebet für die, deren man besonders gedenken will. Dann breitet er die Hände aus und fährt fort ..." Das ist wortwörtlich dasselbe wie beim Totengedenken in diesem Hochgebet.

Im ersten Hochgebet werden noch weitere Einfügungen vorgeschlagen, so bei einer Taufe, bei einer Firmung oder auch bei einer Trauung, ohne daß da allerdings die genannte Rubrik wiederholt wird. Eine kurze Besinnungspause ist also verschiedentlich möglich, ohne daß Einzelheiten jeweils durch Anordnungen geregelt werden müßten. Sichergestellt sein müßte allerdings, daß erkennbar bleibt: Hier handelt es sich um ein einziges Gebet an den Vater, das zwar kurze Besinnungspausen zuläßt, nicht aber eigentliche Unterbrechungen oder gar leise durch den Priester gesprochene Teile. Tatsächlich fehlt der genannte Hinweis bei den anderen Hochgebeten, die aber ähnliche Einfügungen kennen. Zum Totengedenken heißt es im zweiten Hochgebet: „Gedenke unserer Brüder und Schwestern, die entschlafen sind in der Hoffnung, daß sie auferstehen. Nimm sie und alle, die in deiner Gnade aus dieser Welt geschieden sind, in dein Reich auf, wo sie dich schauen von Angesicht zu Angesicht"; im dritten Hochgebet: „Erbarme dich unserer verstorbenen Brüder und Schwestern und aller, die in deiner Gnade aus dieser Welt geschieden sind"; im vierten Hochgebet: „Wir empfehlen dir auch jene, die im Frieden Christi heimgegangen sind, und alle Verstorbenen, um deren Glauben niemand weiß als du." Es ist sicher sinnvoll, wenn der Priester wie alle Mitfeiernden an diesen Stellen Gelegenheit haben, ihrer Verstorbenen in kurzer Stille zu gedenken. Anders ist es, wenn – so bei Totenmessen – der oder die Verstorbene im Hochgebet namentlich genannt wird. Da dann die ganze

Feier anläßlich dieses Todes begangen wird, muß im Hochgebet keine eigene Pause eingefügt werden.

Das Gedächtnis der Toten muß nicht im Hochgebet vorkommen. So fehlt es im Hochgebet zum Thema „Versöhnung" wie im dritten der drei neuen Hochgebete für Meßfeiern mit Kindern. Aber es ist sicher sinnvoll, in diesem zentralen Gebet der zur Eucharistie versammelten Gemeinde auch der Verstorbenen zu gedenken, „die uns vorangegangen sind, bezeichnet mit dem Siegel des Glaubens, und die nun ruhen in Frieden" (erstes Hochgebet).

Erstaunlich und neu hingegen mutet die Formulierung im vierten Hochgebet an, in dem auch jener gedacht wird, „um deren Glauben niemand weiß als du". Hier wird Verstorbener gedacht, die in ihrer Umgebung bis zuletzt als ungläubig galten. Die betende Kirche rechnet also mit der Möglichkeit, daß auch diejenigen, die ohne ein Zeichen des Glaubens gestorben sind, von Gott angenommen werden. Doch unabhängig von der Formulierung wird in jeder Feier des Gedächtnisses von Tod und Auferstehung unseres Herrn die Gemeinschaft zwischen Lebenden und Verstorbenen hergestellt. Und so dürfen wir für jeden Verstorbenen bitten (drittes Hochgebet): „Gib ihm/ihr auch Anteil an der Auferstehung, wenn Christus die Toten auferweckt und unseren irdischen Leib seinem verklärten Leib ähnlich macht." Das ist ja das Ziel unseres Lebens und Liturgiefeierns, daß „wir einst als unverhüllte Wirklichkeit empfangen, was wir jetzt in heiligen Zeichen begehen" (Schlußgebet).

Zur Eucharistiefeier –
Kommunion

---

43 Was ist der Embolismus nach dem Vaterunser?

Bei der Reform der Meßfeier wurde der Gemeinderuf „Denn dein ist das Reich ..." neu eingefügt, aber nicht, wie sonst beim Herrengebet üblich, an die letzte Vaterunser-Bitte angeschlossen, sondern an den Embolismus (griechisch = Einschub) „Erlöse uns, Herr ..." (das lateinische „Libera"). Gemeinden, die diesen Embolismus „abgeschafft" haben, begründen das zumeist damit, daß die Gläubigen durch diese unterschiedliche Praxis verunsichert würden und zudem der Embolismus eine Verdoppelung der letzten Vaterunser-Bitte darstelle. Beides trifft wohl kaum zu. Der Embolismus gehört schon zur altkirchlichen römischen Ordnung, wurde aber von der Reform um etwa die Hälfte gekürzt, um Zufügungen und Verdoppelungen zu tilgen.

Bedeutsamer als die Kürzung ist die Bereicherung durch die eschatologische Bitte: „damit wir voll Zuversicht das Kommen unseres Erlösers Jesus Christus erwarten" (vgl. Tit 2, 13). Daran schließt sich, besser als an die letzte Vaterunser-Bitte, der Gemeinderuf „Denn dein ist das Reich" an. So wird jetzt – wie auch im Ruf nach den Einsetzungsworten („... bis du kommst in Herrlichkeit") und beim Ausruf des Priesters vor der Kommunion („Selig, die zum Hochzeitsmahl des Lammes geladen sind") – der Ausblick auf die letzte Vollendung ins Bewußtsein gehoben. Er kam in der alten Ordnung nur im Schluß des Credo und nur andeutungsweise im Hochgebet „Nimm gnädig an" zum Ausdruck. Andere Liturgien – vor allem des Ostens –

rufen dagegen die Wiederkunft des Herrn öfter ins Gedächtnis.

Das „Erlöse uns, Herr, allmächtiger Vater, von allem Bösen" ist nicht dasselbe wie „sondern erlöse uns von dem
Bösen" aus dem Gebet des Herrn, besonders dann nicht,
wenn – wie heute die meisten Exegeten annehmen – im Vaterunser „der Böse" gemeint ist. Die Formulierung „von allem Bösen" macht dagegen deutlich, daß die vielfältigen
Formen des Bösen in der Welt und in uns Menschen nicht
aus einer einzigen Ursache erklärt werden können. Das
heißt aber, daß sich die quälende Frage, wie sich der
Glaube an den allmächtigen und allgütigen Gott mit unseren Erfahrungen des Bösen vereinbaren läßt, nicht einfach
mit dem Hinweis auf den Teufel lösen läßt. Wer immer den
lateinischen Embolismus verfaßte und einführte, handelte
also durchaus weise, wenn er durch die Verwendung der
Pluralform eine Engführung und einen „Pandämonismus"
ausschloß. Daß es darüber hinaus immer wieder Anlaß gibt
– so wie es im Embolismus geschieht –, Frieden, die Hilfe
des barmherzigen Gottes, die Bewahrung vor Verwirrung
und Sünde und – wie seit 1969 – eschatologische Zuversicht
zu erbitten, wird wohl in unserem Jahrhundert zweier Welt-
kriege und endloser Konflikte niemand bezweifeln!

Wer deshalb „nach eigenem Gutdünken" (LK 22, 3) der
Gemeinde den Embolismus vorenthält, beraubt sie unbe-
dacht eines wichtigen Gebetes, das in einem doppelten
Sinn „katholisch" ist: zeitlich, da die Kirche über mehr als
1600 Jahre diese Erweiterung des Vaterunsers gesprochen
hat, und räumlich, da es überall auf der Welt in der Meßfeier der Kirche des Westens und ähnlich in den getrennten
und mit Rom unierten Liturgien des Ostens gebetet wird.
Den Embolismus wegzulassen ist also sicherlich liturgisch
unangebracht und an sich auch unzulässig, da er nicht zu
den Teilen gehört, die vom Priester frei zu wählen sind.

44 Was mit dem Friedensgruß anfangen?

Das Meßbuch empfiehlt den Gemeinden, im Anschluß an den Friedensgruß des Priesters „in einer den örtlichen Gewohnheiten entsprechenden Weise einander die Bereitschaft zu Frieden und Versöhnung zu bekunden". Nun ist es nur allzu bekannt, daß vor allem wir Deutschen vielerlei psychologische Schwierigkeiten haben, diese Empfehlung zu befolgen. So tun sich nicht wenige Gemeinden schwer mit der praktischen Verwirklichung.

Die Einführung dieses Friedensgrußes setzt eine entsprechende Unterweisung voraus, „die darauf zielen muß, daß die Kommunion nicht nur als Vereinigung mit Christus, dem Haupt, sondern auch mit seinem Leib, den Brüdern und Schwestern in Christus, zu verstehen ist" (Emil J. Lengeling). Eine solche Geste wurde bewußt in die Liturgie eingefügt, um die horizontale Bedeutung der Kommunion zu verdeutlichen. Es geht ja in der Eucharistiefeier nicht nur um die Wandlung der eucharistischen Gaben, sondern auch um die Wandlung der Gemeinde, die sich mit Christus und untereinander verbinden soll. Frühere Zeiten haben das genau gewußt. So ist dieses Zeichen seit der frühen Kirche oftmals bezeugt und in den Riten des Ostens immer erhalten geblieben, während es im Westen seit dem Mittelalter auf den Klerus beschränkt wurde. In der Neuordnung wurde dabei der mittelalterliche Brauch, den Ausgang vom Altarkuß des Priesters zu nehmen, aufgegeben. Denn die Friedenszusage vom Altar zur Gemeinde ist im Friedenswunsch des Priesters schon wirkmächtig geschehen. „Sie braucht nicht durch ein äußeres Zeichen von dort nach hier bestärkt zu werden. Nur die Vorbedingung muß noch erfüllt werden: nun müssen wir auch ‚einander' diesen Frieden zusprechen" (Ernst W. Nusselein).

So muß also nicht, wie hier und da zu hören ist, der Priester eigentlich jedem einzelnen die Hand geben oder, an den Bänken vorbeigehend, jeweils dem ersten den Friedensgruß bringen, der ihn dann weiterreicht. Auch sollten nicht die Meßdiener ausschwärmen, die den vom Priester empfangenen Händedruck weiterreichen. Das alles ist viel zu umständlich und entspricht auch nicht dem eigentlichen Sinn dessen, was gemeint ist. Die Aufforderung des Priesters an die Gemeinde soll ja in etwa so lauten: „Gebt einander ein Zeichen des Friedens und der Versöhnung."

Es geht also um die Bestätigung dessen, was die Gemeinde im Vaterunser soeben selbst ausgesprochen hat: „Vergib uns unsere Schuld, wie auch wir vergeben unsern Schuldigern." Im Gottesdienst soll ja die neue Gemeinschaft sichtbar und als Wirklichkeit erfahren werden. „Hier gilt allein die gottgegebene Befähigung und Begabung des einzelnen, für die es keine Schranken sozialer, bildungsmäßiger oder gar finanzieller Art gibt ... Dem Wunsch des Friedens entspricht auch die Sorge füreinander und der Austausch materieller, geistiger und geistlicher Güter, die Freiheit von Furcht, die Atmosphäre des Vertrauens und des Angenommenseins durch Gott, die sich auch auf das Verhältnis untereinander auswirkt" (Paul Hofer).

Wenn die Verweigerung dieses Grußes nicht in allgemeinen Hemmungen begründet ist, sondern in Spaltungen der Gemeinde, dann zeigt gerade dieser Ritus einen Mangel auf, der sicher in mancher Gemeinde besteht: die Eucharistiefeier wird wohl doch stärker als Beziehung „zwischen Gott und mir" und nicht eben auch als Beziehung zwischen den Gemeindegliedern empfunden. Letzteres war aber gerade ein Ziel der Liturgiereform.

Zur Praxis: was ist gegen einen Händedruck einzuwenden? Mit meinen unmittelbaren Nachbarn, auch vor oder hinter mir. Und seien es Unbekannte. Überwindung mag das kosten. Doch was könnte mich wirklich hindern, einem, der mit mir in der Gemeinschaft unseres Herrn verbunden ist, die Hand zu reichen? Manche fragen sich: was soll ich dabei sagen? Die Antwort: Nichts. So löst sich auch das Problem, ob ich zu einem mir Unbekannten „du" oder „der Friede sei mit dir" sagen soll. „Ein ehrlich gemeinter Händedruck, ein herzlicher Blick, ein freundliches Lächeln – das ersetzt alle Worte" (Ernst W. Nusselein).

Manche Gemeinden tun (zumindest hin und wieder) ein Übriges: Blumen werden überreicht und getauscht (oder gemeinsam damit ein großer Strauß geflochten); zwei Minuten lang soll sich jeder mit seinem Nachbarn unterhalten; Adressenzettel, zur Gabenbereitung eingesammelt, werden jetzt verteilt, und nach der Messe trifft man sich mit dem „Zugelosten" zu gemeinsamem Gespräch im Pfarrheim. Denn niemand kann sich selber den Frieden zusprechen. In diesem Gruß weiß sich jeder in der Gemeinschaft derer, die gesandt sind, Frieden zu bringen und die Not des anderen zu teilen.

45 Wie bereitet sich die Gemeinde auf die Kommunion vor?

Zu den anfangs recht einfachen Gesten des Brechens und Austeilens der eucharistischen Gaben traten im Laufe der Zeit weitere Ausdruckshandlungen und Vorbereitungsgebete: das Vaterunser als Tischgebet, Friedensbitten und -gesten, ausdeutende Texte bei der Brotbrechung und der Gesang zur Einstimmung bei der Kommunionprozession einschließlich der interpretierenden Spendungsformeln. Nach dem Gesang zur Brotbrechung, dem Agnus Dei (Lamm Gottes), heißt es in der Allgemeinen Einführung in das neue Meßbuch: „Um den Leib und das Blut Christi fruchtbar zu empfangen, bereitet sich der Priester im stillen Gebet darauf vor. Auch die Gläubigen sollen in Stille beten" (AEM 56f.).

Die Gemeinde am Sonntag sollte wissen, daß hier ein Ort der Stille, der persönlichen Meditation und Vorbereitung auf den würdigen Empfang der Kommunion, das gemeinsame Mahl der Gemeinde, eigens vorgesehen ist. Gerade weil heute so oft der mangelnde Raum zur Stille beklagt wird, sollte dieses hier vorgesehene Schweigen, das zu den anderen Möglichkeiten der Stille in der Eucharistiefeier (vgl. Kap. 15) hinzukommt, auch wirklich gehalten werden. Leider geschieht dies oft nicht, vielleicht aus Unkenntnis. Zumeist wird vom Gesang des Agnus Dei unmittelbar zur Kommunioneinladung übergeleitet. Dabei ist nur um dieser gemeinsamen Stille willen das Privatgebet des Priesters an dieser Stelle berechtigt.

Daß es sich um Privatgebete handelt, zeigt sich am Stil: ohne Gebetseinladung, an Christus gerichtet (Gebete der ganzen Gemeinde wenden sich normalerweise an den Vater), ohne Amen-Ruf, mit gefalteten Händen statt in der Orantenhaltung der Amtsgebete mit ausgebreiteten Händen. „Sie sind in dieser Ordnung seit dem 11. Jahrhundert nachweisbar und der Sorge der Kirche entsprungen, daß das Geheimnis gesammelt und bewußt vollzogen wird" (Johannes H. Emminghaus).

Damit die Gemeinde weiß, worum es sich bei dieser besinnlichen Stille handelt, könnte der Priester einen entsprechenden Hinweis geben. Neben dem Anliegen der Einheit erscheint hier als zweites Anliegen der Kommunion das der Würdigkeit: „Jeder soll sich selbst prüfen; erst dann soll er von dem Brot essen und aus dem Kelch trinken" (1 Kor 11,28). „In der Messe klingt diese Bitte um die rechte Disposition immer wieder auf, von der Kommunionepiklese des Hochgebets über die letzten Vaterunser-Bitten, den Gesang des Agnus Dei und das stille Vorbereitungsgebet hinweg bis zum Ruf des ‚Herr, ich bin nicht würdig‘" (Emminghaus). Damit wird die Mahnung fortgeführt, welche die Didache (9,5) schon im 1. Jahrhundert kundtat: „Gebt das Heilige nicht den Hunden preis." Eben diesem Anliegen dient die Vorbereitung in Stille.

46 Hat der Ritus des Brotbrechens noch einen Sinn?

„Ist das Brot, das wir brechen, nicht Teilhabe am Leib Christi? Ein Brot ist es. Darum sind wir viele ein Leib; denn wir alle haben teil an dem einen Brot" (1 Kor

10,16 f.). Wenn Paulus so vom Brotbrechen spricht, dann ist es nicht erstaunlich, daß auch in den anderen neutestamentlichen Schilderungen des Letzten Abendmahles und der Eucharistie auf das Brechen des Brotes durch Christus immer wieder eigens hingewiesen wird. Es wird zum Erkennungsmerkmal des auferstandenen Herrn: Als die Jünger von Emmaus zurückgekehrt waren, „erzählten sie, was sie unterwegs erlebt hatten und wie sie ihn erkannt hatten, als er das Brot brach" (Lk 24,35). „Brotbrechen" wird so zu einer Bezeichnung für die gesamte Eucharistiefeier und zu einem Kennzeichen der jungen Christengemeinde: „Sie hielten an der Lehre der Apostel fest und an der Gemeinschaft, am Brechen des Brotes und an den Gebeten" (Apg 2,42).

Von Anfang an ist das Brotbrechen somit als älteste und wichtigste vorbereitende Handlung für den Empfang der Eucharistie von besonderer Bedeutung für die gottesdienstliche Gemeindeversammlung. Sicher stand dieser Ritus dabei mit dem praktischen Erfordernis im Zusammenhang, den einen Brotlaib entsprechend der Zahl der Mahlteilnehmer zu teilen. Wesentlich war aber „die bereits im Judentum vorhandene Symbolik des Brotbrechens, das sowohl beim Paschamahl als auch beim wöchentlichen Sabbatmahl als Eröffnungsritus seinen Platz hatte: durch das Essen von dem einen Brot, das, in Teile gebrochen, allen gereicht wurde, erfolgte die Konstituierung der Mahlgemeinschaft" (Franz Nikolasch), so wie es auch Paulus deutet. Wer auch nur ein olivengroßes Stück des Paschalammes genoß, hatte Anteil am ganzen Paschasegen. So ist das Brot, das wir brechen, Teilhabe am Leibe Christi, der nun selbst unser geschlachtetes Osterlamm ist (vgl. 1 Kor 5,7).

Die Einführung des ungesäuerten Brotes führte zur Verwendung kleiner Hostien für die Gläubigen, so daß die Brechung ihre ursprüngliche Bedeutung verlor und auf die größere Priesterhostie beschränkt wurde. In der Teilung des Brotes sah man nunmehr die gewaltsame Trennung von Leib und Seele Christi im Kreuzestod. Die drei Teile, in die die Priesterhostie (zumeist bis heute noch) gebrochen wurde, galten als Symbol für die streitende, leidende und triumphierende Kirche. Der kleinere der drei Teile, der auch heute noch in den Kelch gesenkt und mit dem konsekrierten Wein vermischt wird, sollte (durch das rituelle Zusammenfügen von Fleisch und Blut) die Wiederbelebung und Auferstehung des Herrn verdeutlichen.

All diese und weitere Deutungen haben letztlich nur zur Verdunkelung der vom Neuen Testament her so klaren und aussagekräftigen Handlung des Brotbrechens geführt, in der „die Einheit aller in dem einen Brot wirksam und deutlich zum Ausdruck" kommt und das „ein Zeichen brüderlicher Liebe ist, da dieses eine Brot unter Brüdern geteilt wird" (AEM 283).

47 Hostie oder „wirkliches" Brot?

Wie soll die Materie des eucharistischen Brotes beschaffen sein? Häufig wird beklagt, das Hostien Verwendung finden, die sofort im Munde schmelzen. Der Priester könne die Hostie gar nicht brechen, sondern müsse sie wie Papier reißen. Nun gibt es sicher eine Bedingung: Das Brot muß als Brot erkennbar sein, denn „die Aussagekraft des Zeichens verlangt, daß man die Materie der Eucharistiefeier tatsächlich als Speise erkennt. Daher soll das eucharistische Brot, auch wenn es ungesäuert ist und in der herkömmlichen Form bereitet wird, so beschaffen sein, daß der Priester bei einer Gemeindemesse das Brot wirklich in mehrere Teile brechen kann, die er wenigstens einigen Gläubigen reicht" (AEM 283). Dem widerspricht sicherlich die früher übliche Rückführung der Brotgestalt auf eine papierähnliche Dünne sowie die starke Bleichung. Es wird also nahegelegt, größere Hostien zu benutzen, die dann für die Gemeinde sichtbar gebrochen werden. Nur dann wird ja die Kommunion als Essen von dem einen Brot des Lebens, das Christus ist und in dem wir ein Leib werden, deutlich. Die kleinen Hostien sind nicht ausgeschlossen, doch sollte in Gemeindemessen wenigstens hin und wieder – etwa am Gründonnerstag oder Fronleichnam – durch das Brechen mehrerer großer Brote ein Akzent gesetzt werden. Das empfiehlt sich besonders bei Trauungsmessen, Eucharistiefeiern in kleineren Kreisen oder bei Konzelebrationen. Nimmt man diesen Ritus so ernst, wie ihn die apostolische Kirche und das neue Meßbuch sehen, dann darf die Austeilung von Hostien, die im Tabernakel aufbewahrt werden, nur noch die Ausnahme sein. Da dadurch die Zeichenhaftigkeit des Brotbrechens zunichte gemacht würde, „ist es sehr zu wünschen, daß für die Kommunion der Gläubigen die Hostien möglichst in jeder Messe eigens konsekriert werden" (AEM 56 h).

In AEM 282 wird gesagt: „Das Brot zur Feier der Eucharistie muß aus reinem Weizenmehl bereitet und noch frisch und nach dem Brauch der lateinischen Kirche ungesäuert sein." Sicher ist es richtig, daß heute in allen Riten ausnahmslos Weizenbrot verwendet wird, doch wissen wir nicht, wie alt diese Tradition ist. Das Brot des jüdischen Paschamahles war nicht Weizen-, sondern Gerstenbrot (Mazzen). Umstritten ist nur, ob das auch zur Zeit Jesu so war (vgl. aber die Gerstenbrote Joh 6,9). Im ersten Jahrtausend wird jedenfalls in Ost und West das normale tägliche Brot, also gesäuertes Brot, für die Eucharistie verwendet. Die Gläubigen bringen ihr Brot von daheim mit, mit Vorliebe in schön gestalteten Formen. Es sind wohl die Armenier, die als erste im 6. Jahrhundert dazu übergehen, nur noch ungesäuertes Brot zu verwenden. Dies ist eine Rückkehr zur jüdischen Praxis und auch eine Aufnahme des Symbolismus von 1 Kor 5,7 f.: „Schafft den alten Sauerteig weg, damit ihr neuer Teig seid. Ihr seid ja schon ungesäuertes Brot; denn als unser Paschalamm ist Christus geopfert worden. Laßt uns also das Fest nicht mit dem alten Sauerteig feiern, nicht mit dem Sauerteig der Bosheit und Schlechtigkeit, sondern mit den ungesäuerten Broten der Aufrichtigkeit und Wahrheit." Im Osten schließen sich dem neuen Brauch nur die Malabaren und Maroniten an, während alle anderen Riten am gesäuerten Brot festhalten.

Im Abendland stellt sich die römische Kirche zwischen dem 9. und 11. Jahrhundert auf ungesäuertes Brot um.

Es mag nun für uns von Interesse sein, daß im letzten Entwurf zum Artikel 282 der Meßbuch-Einführung noch folgender Zusatz enthalten war, der in der endgültigen Fassung nicht mehr steht: „Wo es aus besonderen Umständen einer Bischofskonferenz angebracht erscheint, entweder immer oder in Einzelfällen gesäuertes Brot zu verwenden, möge sie eine entsprechende Eingabe an den Apostolischen Stuhl richten." Hier wird wohl deutlich, daß die Gültigkeit der Eucharistie nicht an der Frage hängt, ob es sich um gesäuertes oder ungesäuertes Brot handelt. Wenn in einer kleinen Gruppe das Herrenmahl mit „richtigem" Weizenbrot gefeiert würde, so ist das zwar unerlaubt, aber gültig. Schon das Unionskonzil von Florenz 1439 erkennt den unterschiedlichen Brauch in Ost und West an und heißt ihn gut. Eine theologische Kontroverse ist daraus also nicht zu machen.

48 Welche Bedeutung hat die Mischung von Brot und Wein?

Es weiß eigentlich niemand so ganz genau, weshalb unmittelbar nach der Brotbrechung ein Teil der Hostie des Priesters in den Kelch gegeben werden soll. Deshalb wohl heißt es in der Meßbuch-Einführung auch schlicht „Mischung: Der Priester senkt einen Teil der Hostie in den Kelch" (AEM 56 d), ohne jede weitere Erklärung. Aus der Liturgiegeschichte sind verschiedene Zusammenhänge bekannt, in denen die Mischung einen Platz hatte. So gab der Bischof von Rom beim Papstgottesdienst einen Teil seiner Hostie in den Kelch, wohl um dadurch den nichtkonsekrierten Wein zu heiligen. Eine zweite Mischung war im Zusammenhang mit dem Friedensgruß vorgesehen, wobei vermutlich ein Teil einer Hostie aus der vorausgegangenen

Eucharistiefeier in den Kelch gegeben wurde, „um die Kontinuität der Eucharistiefeier zu bezeugen: heute, gestern und morgen wird dieselbe Feier begangen. Der Ursprung dieser Mischung dürfte jedoch im Brauch des ‚Fermentum' zu suchen sein, der bei der Eucharistiefeier in den Presbyterialkirchen seinen Platz hatte: von der Eucharistie des Bischofs wurde in alle Presbyterialkirchen eine Partikel überbracht und dem konsekrierten Wein beigefügt, um die Einheit der Kirche, die Einheit der Gemeinde mit ihrem Bischof, zu dokumentieren" (Franz Nikolasch). Aufgrund der symbolhaften Bedeutung im Sinne von Einheit, Gemeinschaft und Frieden war es verständlich, daß diese Mischung mit dem Friedensgruß verbunden wurde. Doch hatte diese Mischung schon vor der Reform ähnlich der Brotbrechung viel von dieser Symbolkraft eingebüßt, zumal sie ja auch der mitfeiernden Gemeinde kaum deutlich wurde.

Und daran hat sich auch nach der Reform kaum etwas geändert. Zudem war man bei der Reform der Eucharistiefeier unschlüssig, welche Interpretation dem Mischungsritus gegeben werden sollte, während etwa dem vorhergehenden Ritus der Brotbrechung ganz die ursprüngliche Bedeutung wiedergegeben wurde. Ja, man muß fragen, ob die Beibehaltung eines so schwer erklärbaren Ritus mit der Liturgiekonstitution des Konzils in Übereinstimmung zu bringen ist, die Einfachheit und Durchschaubarkeit sowie eine Anpassung aller Zeichen an die Fassungskraft der Gläubigen gefordert hatte (LK 21; 34; 50). Wenn in der Erneuerung diese Mischung beibehalten wurde, so lag das sicher am Bestreben, an der überkommenen Ordnung möglichst wenige Änderungen vorzunehmen.

In einem Entwurf zur heutigen Meßbuch-Einführung hieß es dazu: „Die Bedeutung dieses Ritus ist umstritten – die einen vertreten die Ansicht, es sei ein Zeichen der Vereinigung von Leib und Blut in der Auferstehung Christi, andere hingegen meinen, es handele sich um eine Vorbereitung für die Kommunion unter beiden Gestalten … Wie immer auch die Bedeutung gesehen werden mag, die römische Liturgie behält diesen Ritus im Hinblick auf andere Kirchen des Ostens und Westens bei." Die Motivation ist also die Übereinstimmung mit anderen Kirchen, die aber nur bedingt zutrifft, denn keine Abendmahlsliturgie der evangelischen Kirchen hat die Mischung beibehalten.

So wäre die ehrlichere Lösung entsprechend den Grundprinzipien der Liturgieerneuerung ein Verzicht auf die Mischung von Brot und Wein gewesen, denn das ökumenische Argument trifft nicht recht, der Ritus wird von der Gemeinde kaum wahrgenommen, und es ergeben sich Schwierigkeiten bei der Kelchkommunion für das Trinken aus dem Kelch. Auch das Begleitgebet bietet Probleme, da es ein leise zu sprechendes Privatgebet des Priesters ist, das dennoch die Wir-Form aufweist: „Das Sakrament des Leibes und Blutes Christi schenke uns ewiges Leben." Es ist nicht recht zu sehen, in welcher Beziehung diese Worte zur Mischung eigentlich stehen. Die französische Meßordnung hat daher formuliert: „Leib und Blut Jesu Christi, die in diesem Becher vereint sind, mögen in uns das ewige Leben nähren." Sosehr auch die Erneuerung gerade für den Bereich des Brotbrechens (vgl. Kap. 46) gelungen scheint, muß die hier gestellte Frage letztlich doch offenbleiben.

49 Ist das „Lamm Gottes" noch zeitgemäß?

„Seht das Lamm Gottes, das die Sünde der Welt hinwegnimmt!" Das sind die Worte Johannes' des Täufers, als er Jesus sieht (Joh 1,29.36). In Verbindung mit dem Gedanken an das „geschlachtete Lamm" aus der Offenbarung des Johannes ist dies der Gesang, der seit dem Ende des 7. Jahrhunderts die Brechung des Brotes begleitet. Das Agnus Dei wurde dabei von Klerus und Volk gesungen und so oft wiederholt, wie es für die Brotbrechung notwendig war. Erst als die Brechung auf die Hostie des Zelebranten eingeschränkt wurde, etwa seit dem 11. Jahrhundert, kam die Dreizahl der Rufe auf. Der Gesang begleitete nun nicht mehr die Brechung, sondern den Friedenskuß, ja wurde überhaupt als Friedensruf aufgefaßt. Daher erhält der dritte Ruf als Bitte an Stelle des „Erbarme dich unser" fortan „Gib uns deinen Frieden".

Die Neuordnung setzt das Agnus Dei wieder in die alte Funktion des Begleitgesanges zur Brotbrechung ein: Es wird „während der Brechung und Mischung vom Sängerchor oder vom Kantor unter Beteiligung aller in der Regel gesungen" (AEM 56 e).

Dieser Gesang ist also Volksteil. Der Priester sollte ihn daher auch nicht anstimmen. Er gehört nach dem Sanctus wie Kyrie, Gloria und Credo – wenn man eine Wertigkeit der Teile, die gesungen werden sollen, aufstellen will – zur zweiten Stufe einer Messe mit Gesang. Gegebenenfalls kann auch ein Agnus-Dei-Lied gesungen werden, wie etwa „O Lamm Gottes unschuldig" (Gotteslob 470), „Christe, du Lamm Gottes" (GL 482, 502) oder „Herr Jesus, du bist das Lamm" (GL 511).

Nun kann man „diesen Ruf" auch wieder „so oft wiederholen, bis das Brotbrechen beendet ist. Der letzte Ruf schließt dann mit den Worten ‚Gib uns deinen Frieden'" (AEM 56 e). So sinnvoll die Möglichkeit einer häufigeren Wiederholung ist, so schwierig gestaltet sich die Bitte des letzten Rufes. Wenn das Agnus Dei mehr als dreimal gesungen wird, weiß die Gemeinde nicht, wann der Ruf zum letzten Mal gesungen wird und also der Wortlaut der Bitte zu ändern ist. „Gewiß ist es richtig, daß dem Friedensgedanken nach wie vor größte Aktualität zukommt, aber dem wird sowohl durch den Friedensgruß als auch durch Friedensgebet und Friedensgestus Rechnung getragen. Bedauerlich ist schließlich, daß die ursprüngliche Absicht, auch andere Gesänge zur Brotbrechung vorzusehen, nicht weiterverfolgt wurde" (Franz Nikolasch).

Zudem ist eine mehrfache Wiederholung nur dann sinnvoll, wenn die Brotbrechung tatsächlich wieder aufgewertet und nicht nur die Hostie des Priesters gebrochen wird. Hier zeigt sich, daß die Neuordnung an dieser Stelle noch nicht ganz in sich stimmig ist.

Probleme bereiten mag auch der Inhalt des Textes. Verständlich ist das „Lamm Gottes, du nimmst hinweg die Sünde der Welt: erbarme dich unser" sicher nur demjenigen, der weiß, daß das Lamm ein Bild voll reicher Schriftbezogenheit darstellt. So ist an das Pascha-Lamm zu denken (Ex 12), dessen Blut an die Türpfosten gestrichen wird und dessen Mahl Zeichen zum Aufbruch aus der Knechtschaft ins Gelobte Land ist. Das wird auf Christus übertragen, das geschlachtete Osterlamm (vgl. 1 Kor 5,7). In der Offenbarung des Johannes wird dreißigmal vom Lamm gesprochen, das geschlachtet ist und in der Herrlichkeit thront (z.B. Offb 21,23).

So kann beim „Lamm Gottes" ein Bogen gespannt werden vom Vorübergang des Herrn zur Rettung Israels aus Ägypten bis zur Wiederkunft des Herrn zur Rettung aller. Nur wer davon weiß, kann mit diesem Gesang an dieser Stelle zur Brotbrechung etwas anfangen. Allerdings stellt sich die Frage: Kann heute noch so viel an Wissen vorausgesetzt werden? Das Bild des Lammes scheint aber so zentral, daß es wohl nicht weggelassen werden darf. Es ist darüber hinaus auch ökumenisch bedeutsam: Das Gotteslamm ist ein beliebtes Bild in den Kirchen des Ostens. So ist sicher eine Erklärung dieses Bildes – auch in der Predigt der Messe – sinnvoller als etwa eine Tilgung und damit Verarmung.

50 Warum ist die Einladung zur Kommunion so altertümlich?

Den Einladungsgestus zum eucharistischen Mahl beschreibt die Einführung in das Meßbuch so: „Der Priester zeigt den Gläubigen das eucharistische Brot, das sie in der Kommunion empfangen, und lädt sie zum Mahl des Herrn ein. Gemeinsam mit ihnen bringt er mit Worten des Evangeliums die Gesinnung der Demut zum Ausdruck" (AEM

56 g). Als erstes wird der Zeigeritus durch den erneuten (vgl. Kap. 49) Hinweisruf des Vorläufers Jesu, Johannes' des Täufers (Joh 1,29), interpretiert: „Seht das Lamm Gottes …" Dann sprechen Priester und Gemeinde gemeinsam einmal das demütige und zuversichtliche Wort des Hauptmanns von Kafarnaum „Herr, ich bin nicht würdig …" (Mt 8,8). Hier wird erneut die Sorge um die rechte Disposition der Empfänger deutlich. Auf diese Sorge hat Kardinal Ratzinger hingewiesen: „Es gehört zu den erfreulichen Erscheinungen des gottesdienstlichen Lebens nach dem Konzil, daß immer mehr Menschen die Eucharistie voll mitfeiern, indem sie den Leib des Herrn empfangen, mit ihm kommunizieren und in ihm mit der ganzen Kirche Gottes. Aber inzwischen kann einen angesichts geschlossen kommunizierender Gemeinden manchmal auch ein stilles Unbehagen beschleichen: Geschieht hier noch, was Paulus von den Korinthern so dringlich fordert – wird der Leib des Herrn noch ‚unterschieden'?"

Es wurde viel diskutiert, ehe man sich entschloß, die etwas altertümliche Formulierung „Herr, ich bin nicht würdig, daß du eingehst unter mein Dach, aber sprich nur ein Wort, so wird meine Seele gesund" vorzuschreiben. Vielleicht wäre es sinnvoller gewesen, zu sagen „daß du zu mir kommst" (französisches und englisches Meßbuch: „dich zu empfangen"; italienisch: „an deinem Tisch teilzunehmen"), und statt „Seele" einfach „ich" (so zum Beispiel die englische Fassung). Dagegen wurde ins Feld geführt, daß damit die biblische Anspielung auf den Hauptmann von Kafarnaum (Mt 8,8) zerstört würde. Doch im liturgischen Text ist ohnedies schon das biblische „mein Knecht" in „meine Seele" geändert. Und das Entscheidende bliebe ja: der Glaube des Hauptmanns „sprich nur ein Wort".

Dieser Text wird durch einen interpretierenden Vers ergänzt, den der Priester hinzufügen kann. Das Meßbuch schlägt vor: „Selig, die zum Hochzeitsmahl des Lammes geladen sind" (Offb 19,9) oder „Kostet und seht, wie gut der Herr ist" (Ps 34,9) oder „Wer von diesem Brot ißt, wird in Ewigkeit leben" (Joh 6,52). Es kann auch der Kommunionvers genommen werden, den jede Tagesmesse vorsieht.

51 Hand- oder Mundkommunion?

Die Reihenfolge für den Kommunionempfang sieht vor, daß der Priester mit den Worten „Der Leib Christi schenke mir das ewige Leben" und „Das Blut Christi ..." als erster kommuniziert, nach ihm dann erst die Gemeinde. Dahinter steht der Gedanke: weil Christus der eigentliche Spender ist, bekommt der Vorsteher, in dessen Person Christus gegenwärtig gesehen wird, als erster Anteil an Christi Mahl. Das gilt nicht so sehr der Person, sondern dem Amt.

Heutiges Empfinden scheint nahezulegen, daß der Amtsträger zuerst seinen Dienst an der Gemeinde versieht und sich dann erst selbst die Eucharistie spendet. Diese letztere Form gründet sich auf die allgemeinen Tischsitten, nach denen der Gastgeber zuerst den Gästen die Speisen austeilt. Ein weiteres Argument: der Priester soll sich als Diener aller erweisen, indem er der Gemeinde den Vortritt beim Kommunionempfang überläßt. Und als ein weiterer Grund wird genannt, daß die Austeilenden dann gemeinsam mit der Gemeinde im Anschluß an die Kommunion die für die Besinnung und den Dank geforderte Zeit hätten. Demgegenüber kann allerdings geltend gemacht werden, daß nicht der Priester, sondern Christus der eigentliche Gastgeber und Herr des Mahles ist. Zudem essen auch nach bürgerlicher Sitte die Eingeladenen nicht vor dem Gastgeber. Wie dem auch sei, zumindest bei Eucharistiefeiern in kleinen Gruppen scheint es sinnvoll, zunächst die heilige Gabe allen auszuteilen und sie dann gemeinsam zu genießen, wie das bei der Konzelebration für die Brotkommunion ohnedies vorgeschrieben ist. Sicher wäre eine gewisse Einheitlichkeit in unseren Gemeinden wünschenswert, aber wirklich theologische Argumente für die eine wie die andere Form werden sich wohl schwerlich finden lassen.

Bei der Austeilung an die Gläubigen wird die Hostie ein wenig erhoben und dazu die Spendeformel „Der Leib Christi" gesprochen, worauf das „Amen" des Empfängers folgt. Das geht schon auf Ambrosius im 4. Jahrhundert zurück.

Während sich nach dem alten Meßbuch der Empfänger ganz passiv verhalten mußte – nur der Priester sprach: „Der Leib unseres Herrn Jesus Christus bewahre deine Seele zum ewigen Leben. Amen" –, wird er nun als Mündiger selbst aktiv und bekennt seinen Glauben. Zu dieser Mündigkeit gehört auch die Frage nach Hand- oder Mundkommunion. Beim Abendmahl herrschte zweifellos jüdischer Mahlbrauch: Jesus nahm das Brot, brach es und teilte es in die Hände der Jünger aus. „Die Spendung der Kommunion in den Mund entstand im Frühmittelalter aus der Furcht, anhaftende kleinere Krumen oder Brösel könnten herabfallen und so verunehrt werden. Die Mundkommunion ist damit lediglich ein Vorsichts- und Ehrfurchtsritus, also nicht grundsätzlich aus der Speisung abzuleiten" (Johannes H. Emminghaus).

Ehrfurcht ist aber nicht allein durch einen Ritus zu garantieren. Sie kommt stets nur aus der Gesinnung, für die der Ritus dann Ausdruck sein kann. Die Sorge vor herabfallenden Teilchen ist sicher berechtigt. „Doch darf die nötige Sorgfalt in Anbetracht einer gesunden, klassischen Theologie der Transsubstantiation nicht identisch mit einer fast krankhaften Skrupulosität sein" (Emil J. Lengeling). Nur wenn Partikel nach allgemein menschlichem Sprachgebrauch – und nicht nach auf Mikroskop und chemische Analyse gestütztem Urteil – noch als Brot anzusehen sind, ist das Zeichen und damit die Gegenwart Christi anzunehmen. Ängste früherer Zeiten, Christus könnte physisch tangiert oder gar beleidigt werden, waren nur verständlich aus einer zu dinglichen Schau der Eucharistie in Abwehr gegenüber einem ebenfalls abzulehnenden Spiritualismus.

Das eucharistische Brot sollte in derselben Feier konsekriert werden. „Es ist wünschenswert, daß für die Kommunion der Gläubigen die Hostien möglichst in jeder Messe konsekriert werden" (AEM 56). Im Tabernakel sollen – wie es in einem Dekret der Gottesdienstkongregation über die Kommunionspendung von 1976 heißt – die konsekrierten Hostien nur „in der Anzahl, die für die Kommunion der Kranken und anderer Gläubigen außerhalb der Messe ausreicht, aufbewahrt werden".

Sicher müssen die zu diesem Zweck aufbewahrten Hostien häufiger erneuert werden. Das kann aber doch wohl nicht dazu führen, daß – wie es einige Pfarrer durchaus noch halten – einmal in der Woche sehr viele Hostien konsekriert werden und die Kommunionspendung im Normalfall aus dem Tabernakel erfolgt. Sicher weiß der Priester nicht immer, wie viele Gläubige kommunizieren wollen. Doch gibt es dafür die Möglichkeit, daß die Gläubigen das Brot zu Beginn in eine Schale einlegen. Sicher bringt das Arbeit mit sich, aber es gibt genügend Gemeinden, die dies um der sinnvollen Sache willen auf sich nehmen. Und sollten einmal die in einer Messe konsekrierten Hostien nicht ganz reichen, besteht immer die Möglichkeit, die vorhandenen in kleine Stücke zu brechen.

52 Weshalb ist die Kelchkommunion so selten?

Die Gemeinsame römisch-katholische/evangelisch-lutherische Kommission, die vom Sekretariat für die Einheit der Christen in Rom einerseits und vom Lutherischen Weltbund andererseits eingesetzt wurde, hat ein Dokument erarbeitet, das unter dem Titel „Das Herrenmahl" (Bonifacius, Paderborn/Lembeck, Frankfurt a. M., ³1979) Gemeinsamkeiten und Unterschiede zum Verständnis und zur Liturgie der Eucharistie zusammengestellt hat. Darin werden von jeder Seite an die andere Konfession Wünsche gerichtet. Nach lutherischer Überzeugung ist katholischerseits anzustreben: 1. die Vermeidung der Meßfeier ohne Beteiligung des Volkes; 2. die bessere Verwirklichung der Verkündigung innerhalb jeder Eucharistiefeier; 3. die Spendung der Kommunion unter beiderlei Gestalten. Die Katholiken wünschen lutherischerseits: 1. den häufigeren Vollzug des Abendmahls; 2. eine größere Beteiligung der gesamten Gemeinde einschließlich der Kinder; 3. eine engere Verbindung von Wort- und Sakramentsgottesdienst.

Wenn die lutherischen Wünsche näher betrachtet werden, so ist festzustellen, daß die Punkte 1 und vor allem 2 weitgehend erfüllt sind. Anders allerdings steht es um den dritten Wunsch, die Kelchkommunion. Dabei steht in den biblischen Einsetzungsberichten das Trinken aller aus dem Kelch zumindest gleichwertig neben dem Essen von dem einen Brot, ja das Interesse scheint sich sogar stärker auf den Kelch zu richten. Schließlich tritt im Wein der freudige Charakter der Eucharistie deutlicher hervor. Mit dem Trinken und mit dem Vorstellungskreis des Blutes verbindet sich zudem das Bundesmotiv. Aber auch das Opfermotiv wird in der Kelchkommunion deutlicher ausgesagt. Die Kelchkommunion gehört darum notwendig zur vollen auftragsgemäßen Gestalt der Eucharistie.

Schon früh verbindet sich damit aber die Besorgnis der Verunehrung, z. B. durch Verschütten, später auch der ungenügenden Hygiene. Während die Kirchen des Ostens Abhilfe schufen entweder durch Eintauchen des Brotes in den Kelch oder durch das Mischen von Brot und Wein und Darreichen auf einem Löffel, sperrte sich der Westen gegen diese Formen, bei denen die Zeichenkraft des Trinkens ja nicht mehr gewahrt ist. Aber zugleich wird in einem langen Prozeß im 12. und 13. Jahrhundert ganz auf die Kelchkommunion der Gemeinde verzichtet, und das aufgrund vielfältiger Motive: der Gedanke an die reale Gegenwart Christi steigert sich so sehr, daß die Gefahr der Verunehrung als unerträglich betrachtet wird; der Sinn für die Zeichenhaftigkeit geht im scholastischen Denken zurück; das Interesse konzentriert sich auf die Schau, der die Brotsgestalt besser entspricht. Und so kommt es auf dem Konzil von Konstanz 1415 sogar zu einem offiziellen Kelchverbot als Reaktion auf die hussitische Forderung nach dem Laienkelch, nach der die Kommunion unter beiden Gestalten heilsnotwendig sei. In der Zeit der Reformation verstärkt sich die katholische Ablehnung gegen den Laienkelch noch.

In den letzten Jahrzehnten wächst auch wieder in der katholischen Kirche die Einsicht, daß die Kommunion unter beiden Gestalten eine höhere Zeichenhaftigkeit aufweist und dem Stiftungswillen Jesu gemäßer ist. So ermöglicht das Zweite Vatikanum die Kelchkommunion grundsätzlich, wenn auch nur in seltenen Fällen. Ein eigenes Dekret von 1965 und die Eucharistie-Instruktion von 1967 sehen dann schon dreizehn Möglichkeiten vor. Der Durchbruch erfolgt 1970 mit einer römischen „Instruktion über die Erweiterung der Vollmacht, die heilige Kommunion unter beiden Gestalten zu spenden", die den Bischofskonferenzen die Entscheidung in dieser Frage überträgt. Die deutschen Bischöfe haben davon Gebrauch gemacht, wobei „im Einzelfall das Urteil dem zelebrierenden Priester, in Pfarrkirchen dem Pfarrer" zusteht. So ist die Kelchkommunion heute erlaubt, „wenn ein tatsächliches Bedürfnis danach besteht. Denn bei einer Verweigerung dessen, was der Herr befohlen hat, dürfte man sich nur auf wirklich sehr gewichtige Gründe berufen" (Reiner Kaczynski).

So sollten wir den Mut haben, in unseren Gemeinden auch am Sonntag die Kelchkommunion häufiger zu reichen, vor allem weil dies dem Auftrag unseres Herrn entspricht. Wie sonst kann der Priester die Bitte aussprechen, „daß alle, die Anteil erhalten an dem einen Brot und dem einen Kelch, ein Leib werden im Heiligen Geist, eine lebendige Opfergabe in Christus" (Hochgebet IV)? Wie sonst kann er Gott im Namen der Gemeinde danken, daß er uns hat „teilhaben lassen an dem einen Brot und dem einen Kelch" (Schlußgebet vom 5. Sonntag im Jahreskreis)?

Die deutschen wie die österreichischen Bischöfe haben die Kelchkommunion gestattet „bei Meßfeiern kleiner Gemeinschaften, wenn die volle Zeichenhaftigkeit des Mahles für das christliche Leben der Teilnehmer besonderen Wert hat", sowie „an hervorgehobenen Festtagen, wenn die Zahl der Teilnehmer nicht zu groß ist". Diese allgemeinen Hinweise bedürfen der Interpretation: Unsere Werktagsmessen sind Feiern kleiner Gemeinschaften. Und sicher ist für jede eucharistiefeiernde Gemeinde „die volle Zeichenhaftigkeit des Mahles" von besonderem Wert. An Festtagen darf die Zahl der Teilnehmer „nicht zu groß" sein, aber doch wohl groß. Als 1971 diese Bestimmung erlassen wurde, gab es noch kaum Kommunionhelfer. Es geht hier doch um das angemessene Verhältnis von Spendern und Empfängern. Das ist heute kein Problem mehr, auch bei größeren Teilnehmerzahlen nicht.

Die Bischöfe der Schweiz haben ihre Bestimmungen ausführlicher gefaßt: Die Kelchkommunion ist gestattet „bei der Spendung von Sakramenten und Sakramentalien allen Teilnehmern", „an großen Tagen des Kirchenjahres, zum Beispiel am Hohen Donnerstag (Gründonnerstag), in der Osternacht, aber auch an Festen, die für eine Gemeinde von großer Bedeutung sind; in Wochentagsmessen für Gläubige, die entsprechend vorbereitet sind; in Sonntagsmessen für alle Mitfeiernden ..." Damit sind eigentlich alle Messen erfaßt, wobei die Gläubigen entsprechend vorbereitet sein müssen. Hier fehlt aber oft das genügende Verständnis bei Priestern und Gemeinden. Nur wenn die Priester von der Sinnhaftigkeit der Kelchkommunion überzeugt sind, können sie dafür das Verständnis bei den Gemeinden wecken.

Der Meßbuch-Einführung kommt es mehr darauf an, daß „der Personenkreis ... genau umschrieben, wohl geordnet und homogen" ist (AEM 242), als daß eine genaue Größe festgelegt wird. „Eine Sonntag für Sonntag zusammenkommende Gemeinde ist vermutlich homogener als die etwas zufällig zusammentreffende Gruppe der Eltern, Verwandten und Wohltäter eines Neupriesters bei der Primizmesse, für die die römische Ordnung die Möglichkeit der Kelchkommunion vorsieht" (R. Kaczynski). Dazu gehört aber auch eine theologische wie praktische Vorbereitung.

Die hier und da noch zu hörenden hygienischen Bedenken können sicher zerstreut werden. Es ist etwa auf Untersuchungen zu verweisen, daß die Ansteckungsgefahr nicht größer sei als bei der Benützung vollbesetzter öffentlicher Verkehrsmittel. Auch die Kommunionhelfer müssen vorbereitet sein. Eine genügende Anzahl von Kelchen muß zur Verfügung stehen, die groß genug sind, aber nicht bis zum Rand gefüllt werden. Dies alles geht davon aus, daß aus dem Kelch wirklich getrunken wird. Zwar gibt es andere Möglichkeiten – Eintauchen der Hostie, Empfang mit

Röhrchen oder Löffel –, doch nimmt das Trinken aus dem Kelch den ersten Platz ein. Daher spricht man seit 1970 bevorzugt von Kelchkommunion und nicht mehr von Kommunion unter beiden Gestalten.

So gibt es wohl keinen Grund, in unseren Gemeinden länger auf die Kelchkommunion zu verzichten. Entscheidend ist der geistliche Gewinn. Der aber hängt auch ab von der Deutlichkeit und dem sinngerechten Vollzug des Zeichens.

53 Täglich mehrmals kommunizieren?

Es ist keine Frage: die Teilnahme an der Eucharistiefeier zielt auf den Empfang der eucharistischen Gaben, auf die „com-munio", die Kirchengemeinschaft am Ort und die Gemeinschaft der Gemeinden untereinander, die im Empfang des Herrenmahles zum Ausdruck kommt. So wäre es also sinnvoll, in jeder Eucharistiefeier auch die Kommunion zu empfangen. Doch hat die Kirche hier Beschränkungen auferlegt. Früher war es grundsätzlich verboten, daß die Gläubigen mehr als einmal am Tag die Kommunion empfingen. Damit sollte auch einem magischen Mißverständnis Einhalt geboten werden. Denn der Glaube war weit verbreitet, daß man um so mehr Gnade empfinge, je öfter man die Kommunion erhielt. Dem hält eine „Instruktion über die Erleichterung des Kommunionempfanges bei bestimmten Anlässen" von 1973 entgegen, „daß die Wirksamkeit des Sakraments, durch welches Glaube, Liebe und die anderen Tugenden genährt, bestärkt und ausgedrückt werden, um so größer ist, je andächtiger man zum Tisch des Herrn hinzutritt". Hier scheint es also einen Widerspruch zu geben: auf der einen Seite sollte jede Eucharistiefeier auch die Teilnahme an der Kommunion ermöglichen, auf der anderen ist im Prinzip nur einmal täglich diese Teilnahme gestattet. Dieses Problem gibt es, seit es mehrere

Messen in derselben Kirche am selben Tage gibt. Früher – und heute noch in den Ostkirchen – galt, daß nur einmal täglich (auch am Sonntag!) die Eucharistie für die und mit der Gemeinde gefeiert werden kann, denn sie ist *das* Zeichen der Einheit, das bei mehrfacher Wiederholung verdunkelt würde.

In Anbetracht dieser Schwierigkeiten hat die Kirche bei bestimmten Anlässen Erleichterungen geschaffen: Wer am Samstagmorgen kommuniziert, kann dies am Samstagabend in der Vorabendmesse des Sonntags erneut tun und selbstverständlich auch wieder am Sonntag. Am Ostersonntag wie am Weihnachtstag ist die Kommunion auch dann möglich, wenn sie in der Liturgie der Nacht schon empfangen wurde. Das gilt auch für den Gründonnerstag, wenn schon in der Messe zur Ölweihe kommuniziert wurde. Eine zweite Kommunion am gleichen Tage ist weiter möglich bei Meßfeiern in Verbindung mit der Spendung der Sakramente der Taufe, Firmung, Krankensalbung, der Weihen und Eheschließung sowie Erstkommunion, auch bei Meßfeiern für Verstorbene: beim Begräbnis, nach Erhalt der Todesnachricht, beim ersten Jahrgedächtnis; auch bei Gottesdiensten anläßlich einer Tagung, Wallfahrt oder Volksmission. Es gibt weitere seltene Ausnahmefälle. Und selbstverständlich kann der Bischof „die Erlaubnis zum zweimaligen Kommunionempfang am selben Tag geben". Die Kirche geht also davon aus, daß die Teilnahme an mehr als einer Eucharistiefeier pro Tag doch nur die Ausnahme sein kann.

54 Soll zum Kommuniongang gesungen werden?

Im Rahmen des Kommunionritus sind mehrere Gesänge vorgesehen: Das *Vaterunser,* das *Lamm Gottes* zur Brechung des Brotes, der *Gesang* während der Austeilung der Kommunion und im Anschluß daran ein *Dankhymnus.* Nicht alle sind gleich wichtig, und alle haben auch eine andere Struktur.

Der Kommuniongesang gehört zu den Prozessionsgesängen, die den Einzug, das Herbeischaffen der Gaben und eben den Gang zur Kommunion begleiten. Über seine Bedeutung sagt die Einführung in das neue Meßbuch: „Sein Sinn besteht darin, die geistliche Gemeinschaft der Kommunizierenden in gemeinsamem Singen zum Ausdruck zu bringen, die Herzensfreude zu zeigen und die brüderliche Verbundenheit beim Hinzutreten zum Kommunionempfang zu vertiefen. Sobald der Priester kommuniziert, wird der Gesang begonnen und während der Kommunion der Gläubigen so lange fortgesetzt, wie es passend erscheint. Er soll rechtzeitig beendet werden, wenn ein Gesang nach der Kommunion vorgesehen ist" (AEM 56i).

Vom Inhalt her ist in erster Linie an einen ganzen Psalm mit Kehrvers gedacht, wobei der Psalm vom Kantor (oder Schola, Chor) gesungen wird, während die Gemeinde den Vers wiederholt. Das „Gotteslob" hat dafür ein gutes Angebot geschaffen. Wenn die Gemeinde am Sonntag regelmäßig davon Gebrauch macht, wird sie schnell merken, daß dies in vielerlei Hinsicht schöner ist als manches Kirchenlied. So braucht auch niemand ein Buch, da ein Vers leicht zu merken ist – sicher angemessen für den Weg zum Altar und zurück zu den Plätzen. Denkbar ist auch, daß der oftmals dem jeweiligen Evangelium entnommene Kommunionvers, der schon zur Kommunioneinladung gesprochen werden kann, von der Gemeinde gesungen wird.

Selbstverständlich muß nicht unbedingt gesungen werden. Viele wünschen beim Empfang des Leibes Christi

Ruhe und Stille. Hier wird die einzelne Gemeinde sicherlich abwechseln. „Andererseits bleibt es ein Ideal, singend zu kommunizieren. Wer Gott begegnet, kann nur singen oder schweigen. Wir singen wohl noch zu wenig. Wenn wir ‚geschaffen sind, um zu loben‘, dann sollte das singende Lob aufklingen, weil wir dem Schöpfer nahe sind" (Theodor Schnitzler).

Nachdem Kommuniongang und -gesang beendet sind, sollte ein angemessener Raum der Stille und des Schweigens ermöglicht werden. An dieser Stelle ist er ebenso notwendig wie etwa beim Bußakt oder nach der Lesung. Jede unnötige Lauferei im Altarraum und alle auf später verschiebbaren Handlungen sind jetzt zu vermeiden, denn ohne Pflege der Kommunionfrömmigkeit ist alle Förderung der aktiven Teilnahme an der Meßfeier in Frage gestellt (vgl. Kap. 55).

55 Ist nach der Kommunion Stille angebracht?

Nach der Kommunion geht die Messe an sich schnell zu Ende. Danksagung, Schlußgebet, Segen und Entlassung sind die Elemente; sicherlich ein Gegensatz zu dem eher überladenen Eröffnungsritus. Bei der geringen Zahl von Kommunikanten früherer Zeiten war es Brauch, daß sie nach der Messe zur privaten Danksagung noch in der Kirche blieben. Da die Mahlfeier heute eine Angelegenheit des größten Teils der versammelten Gemeinde ist, heißt es im Meßbuch: „Nach der Kommunionausteilung kann der Priester an seinen Sitz zurückkehren. Auch kann man einige Zeit in stillem Gebet verweilen. Es empfiehlt sich, einen Dankpsalm oder ein Loblied zu singen."

Aus dieser Kann-Vorschrift sollte eine Gewohnheit werden. Hier ist zweifellos der geeignetste Ort, um Gebet und Anbetung in der Messe zu fördern. Die Zeit dafür hängt von der Gemeinde ab. In Jugendgottesdiensten ist es kein Problem, hier auch eine Viertelstunde Stille zu halten. Dafür braucht es eine gelöste und entspannte Atmosphäre. Die große Danksagung (das heißt ja übersetzt die Eucharistie) schwingt jetzt aus in meditative Sammlung und Verinnerlichung. Der einzelne „versucht, seine Existenz tiefer in dem zu verankern, mit dem er sich sakramental vereinigt hat; er bemüht sich um eine Begegnung zwischen dem Gottesdienst der Liturgie und dem des Lebens, er rüstet sich für seine kommenden Aufgaben zu" (Jakob Baumgartner).

Unter den verschiedenen Pausen des Schweigens, die das Meßbuch empfiehlt, ragen die nach der Predigt und die nach der Kommunion hervor. Erstere dient der Aneignung der verkündeten Botschaft, letztere der Aneignung der Eucharistie. Werden diese Ruhepunkte wirklich zugestanden, sehnen viele sich wohl weniger wieder nach „Stillmessen" und „Kanonstille".

Wird von der Möglichkeit Gebrauch gemacht, ein Lied zu singen, so sollten dem doch einige Augenblicke des Schweigens vorausgehen, besonders dann, wenn schon während der Kommunion gesungen wurde. Beide haben ja eine unterschiedliche Funktion: der Kommuniongesang begleitet eine Handlung, das Danklied hat mehr meditativen, lobpreisenden Charakter. Der Dankgesang sollte auch nicht zu lang sein, damit das Schlußgebet seinen natürlichen Platz zur Abrundung des Kommunionteils bewahrt.

Eine weitere Variante wäre, die Danksagung mit eigens dafür ausgesuchten Texten zu gestalten. Diese könnten einen Bezug von der versammelten Gemeinde zu ihren Problemen im Alltag herstellen (besonders bei Gruppenmessen). Der Gottesdienst soll ja kein Fremdkörper bleiben, sondern die Quelle sein, aus der wir wirklich leben und unseren Weltdienst bewältigen.

56 Welche Bedeutung hat das Schlußgebet?

Wenn die Gemeinde am Sonntag im Gedächtnis an ein bestimmtes Heilsereignis zusammenkommt, so muß es im Schlußgebet wieder aufklingen. Dieses Gebet ist wie schon Tages- und Gabengebet ein „Sammelgebet", das die Gebetsbewegung der Gemeinde zusammenfaßt. Im Anschluß an Besinnung und Dank nach der Kommunion (Kap. 55) ruft der Vorsteher mit „Lasset uns beten" zum schweigenden Gebet der Gemeinde auf, die darum weiß, daß hier der Ort der Stille ist, an dem jeder für sich um die Anwendung dieser Eucharistie für sein Leben bittet (vgl. Kap. 25). Dann – die Pause sollte wenigstens zehn Sekunden währen – kann der Priester, gleichsam die Summe ziehend, dieses Gemeindegebet zusammenfassen mit dem für das jeweilige Fest oder Anliegen, unter dem diese Eucharistiefeier gestanden hat, vorgesehenen Gebetstext.

All diese das Gemeindegebet zusammenfassenden Orationen des Vorstehers – eben Tages-, Gaben- und Schlußgebet – beginnen wie das Hochgebet mit einer Preisung: „Gott, du hast ..." Das ist der Gebetstyp der Berakah, wie ihn das Christentum aus jüdischem Erbe übernommen hat. Und wie das Hochgebet werden diese Gebete auch mit einer preisenden Schlußdoxologie beschlossen: „Darum bitten wir durch Christus, unseren Herrn" oder auch „Der mit dir lebt und herrscht in alle Ewigkeit".

In ihrem Gebet an den Vater beruft sich die Gemeinde auf Christus. Diese Bittgebete haben noch etwas Wesentliches mit dem Hochgebet gemeinsam. „An ihrem Ende gibt das Volk, nachdem es still mitbetend zugehört hat, durch ein lautes Amen seine Unterschrift (Augustinus); es stellt sich rechtsverbindlich hinter das Gesagte; es erklärt, daß in der Stimme des Vorstehers die Stimme aller, die Stimme des heiligen Volkes Gottes aufgestiegen ist zum Throne Gottes" (Balthasar Fischer).

Es ist dem Priester überlassen, ob er das Schlußgebet am

Altar oder an seinem Sitz vollzieht. Manches spricht für die letztere Form: Der Vorsteher hat sich zur Besinnung nach der Kommunion an seinen Platz begeben, während die Reinigung der Gefäße durch die Ministranten (Akolythen) erfolgt oder auch auf die Zeit nach dem Gottesdienst verschoben wird; da auch die auf das Schlußgebet folgende Entlassung von seinem Platz aus erfolgen sollte (sie hat ja mit Kommunion und daher mit dem Altar nichts mehr zu tun), bleibt so eine größere Ruhe erhalten.

Zum Abschluß
der Meßfeier

57 Was ist beim Schlußteil der Feier zu beachten?

In der Meßbuch-Einführung heißt es schlicht: „Die Entlassung beschließt die gottesdienstliche Versammlung und läßt die Teilnehmer, den Herrn lobpreisend, zu ihren guten Werken zurückkehren" (AEM 57b). Wohl für jede Versammlung gilt, daß der empfindlichste Augenblick das Auseinandergehen ist: Ende gut – alles gut. Dazu gehören der *Rückblick,* der das Grundmotiv des Zusammenseins nochmals zusammenfaßt, der *Ausblick,* der die Brücke vom Gottesdienst zum Tun des einzelnen und der Gemeinde außerhalb der Liturgie schlagen muß, die *Feststellung des Endes,* da man sich ja nicht nach Lust und Laune entfernen kann, und die *Verabschiedung,* in der die bleibende Verbundenheit der im Namen Jesu Versammelten zum Bewußtsein gebracht wird.

Für die Meßfeier ist ein Moment des Rückblicks nicht eigens vorgesehen, will man nicht das Schlußgebet schon als solches betrachten. Doch kann der Priester „vor der Entlassung ein Schlußwort zur ganzen Eucharistiefeier" sprechen (AEM 11). „Bei besonderen Anlässen kann das Schlußwort aus einem Dank, einem Glückwunsch o.ä. bestehen und gegebenenfalls die Funktion der Verabschiedung miteinbeziehen" (Heinrich Rennings). Das Moment des Augenblicks kann im Segen gesehen werden: Nach dem zwischen Vorsteher und Gemeinde gewechselten Gruß („Der Herr sei mit euch") verabschieden sie sich mit guten Wünschen voneinander, auch wenn der Teil der Gemeinde mit dem bloßen „Amen" nicht sehr entwickelt ist, mit dem sie auf

den Segen antwortet. Hier gibt es eine Fülle von Möglichkeiten, der jeweiligen Festzeit durch dreigliedrige Segens-
texte gerecht zu werden (vgl. Kap. 59).

Für die Feststellung des Endes benutzt das deutsche
Meßbuch die Wendung „Gehet hin in Frieden" (in der römischen Liturgie: Ite, missa est), worauf die anderen bestä-
tigend mit „Dank sei Gott, dem Herrn" antworten.

Für den anschließenden Auszug der Gruppe um den
Vorsteher gibt es weitere Schlußelemente. Wie bei der Eröffnung küßt der Priester den Altar. Alle Angehörigen der
Altargruppe machen dann ein Zeichen der Verehrung, zumeist wohl eine Verneigung. In deutschen Landen gibt es
sodann zumeist ein Schlußlied, das von der Liturgie her
nicht erforderlich ist, aber ähnlich wie ein Instrumental-
spiel die Funktion des Schlußteils wirksam erfüllen kann.

Schließt sich an die eucharistische Versammlung eine andere gottesdienstliche Feier an, so wird der Schlußteil an
das Ende dieser Feier verlegt, entfällt also unmittelbar
nach der Messe. All diese einzelnen Elemente bedürfen einer besonders sorgfältigen Gestaltung, soll der Schlußteil
seine Funktion auch wirklich erfüllen.

58 Sollen die Verlautbarungen nicht besser vor Beginn der Messe erfolgen?

Die Verlautbarungen für die Gemeinde sollen nach der
Neuordnung nach dem Schlußgebet und vor dem Segen erfolgen. Der Schlußteil der Messe soll das jeweilige Grundmotiv der liturgischen Feier zusammenfassen, den
Teilnehmern den Übergang von der gottesdienstlichen Zusammenkunft zum übrigen christlichen Leben erleichtern,
das Ende der Versammlung anzeigen und die bleibende
Verbundenheit der Mitfeiernden zum Bewußtsein bringen.
Die Zuweisung des Platzes der Vermeldungen im Schluß-

teil ist sicher eine gute Lösung. Hier „tragen sie zur Erfüllung der Überleitungsfunktion bei und unterstreichen, daß die Gemeinde sich keineswegs bis zur nächsten gottesdienstlichen Versammlung vertagt" (Heinrich Rennings). Das bestimmt auch die Auswahl der Mitteilungen. Der Pfarrbrief wird entwertet, wenn alles, was da drin steht, nochmals vorgelesen wird. Richtig genutzt, sind die Vermeldungen eine Chance zu einem persönlichen Wort, einer Empfehlung, Einladung oder Information. So gehören diese Bekanntmachungen weder an den Anfang noch in den Wortgottesdienst nach dem Evangelium oder der Predigt. Dort lenken sie ab.

Übrigens kann im Zusammenhang mit den Verlautbarungen im Schlußteil der Messe auch ein kurzes Wort der Zusammenfassung des Grundmotivs der Zusammenkunft stehen (vgl. Kap. 57). Unter Bezug darauf erklärt das Direktorium für Kindermessen, daß eine Kurzansprache vor dem Schlußsegen von besonderer Bedeutung sei, „da die Kinder vor dem Auseinandergehen einer gewissen Wiederholung und Anwendung des Gehörten bedürfen; allerdings soll sie in aller Kürze geschehen. Gerade an dieser Stelle bietet sich die Möglichkeit, den Zusammenhang zwischen der Liturgie und dem Leben aufzuzeigen" (Nr. 54). Sollte das für Erwachsene weniger als für Kinder gelten? Bei besonderen Anlässen kann das Schlußwort auch aus einem Dank, einem Glückwunsch usw. bestehen und gegebenenfalls die Funktion der Verabschiedung mit einbeziehen.

59 Welche Formen des Schlußsegens gibt es?

Der Segen wird mit einem Gruß eingeleitet: „Der Herr sei mit euch." – „Und mit deinem Geiste" lautet die Antwort der Gemeinde. „Das ist selbstverständlicher Brauch: Man begrüßt einander beim Kommen und Gehen und bezeigt einander damit Verbundenheit und Brüderlichkeit" (Johannes H. Emminghaus). Dieser priesterliche Segen ist innerhalb der Meßfeier recht jung und erst im Spätmittelalter hinzugefügt. Vorher wurden nur die gesegnet, die beim Auszug darum baten, so wie es heute noch, wenn auch rituell stark stilisiert, Gewohnheit der Bischöfe ist. „Aus dieser späteren Anfügung erklärt sich auch, daß bis 1967 der Entlassungsruf dem Segen bereits vorausging: Hätten die Gläubigen dann prompt das getan, wozu man sie – zum Glück lateinisch – aufforderte, hätte der Priester nur Davoneilende segnen können! Die Umstellung war also längst überfällig" (ebd.).

Im allgemeinen begnügt sich der Priester heute mit der einfachen Segensformel: „Es segne euch der allmächtige Gott, der Vater und der Sohn und der Heilige Geist", wozu er ein großes Kreuz über die Versammelten zeichnet. Die Einführung in das Meßbuch sieht aber durchaus noch andere Möglichkeiten vor: „An bestimmten Tagen und bei besonderen Anlässen wird dieser Segen durch ein feierliches Segensgebet oder durch das Gebet über die Gemeinde erweitert" (AEM 124). Eine derartige Erweiterung entspricht einer alten Tradition.

Solche Formeln gab es etwa bei der Entlassung der Katechumenen, also der Nichtkommunizierenden, oder auch nach dem Schlußgebet in der Fastenzeit. Das neue Meßbuch enthält zahlreiche dreiteilige Segnungen vor allem für die Feste, aber auch für die Jahreszeiten, die am Ende der Messe, doch auch bei Wortgottesdiensten und Sakramentenspendungen verwendet werden können. Dazu breitet der Priester die Hände über die Gemeinde aus, spricht oder singt den Segenswunsch und verbindet ihn mit dem Schlußsegen mit den Worten: „Das gewähre euch der dreieinige Gott …" Zu den Vorschlägen gehört auch der in den evangelischen Gemeinden oft verwendete aaronitische Segen (Num 6,24–26): „Der Herr segne euch und behüte euch; der Herr lasse sein Angesicht über euch leuchten und sei euch gnädig; er wende euch sein Antlitz zu und schenke euch seinen Frieden."

Außer diesen dreiteiligen Segensformeln sind auch wieder Segensgebete über die Gemeinde aufgenommen. Sie sind je nach Situation auszuwählen. Auch dazu werden die Hände ausgebreitet. Diese einen reichen Gebetsschatz darstellenden Orationen gehen am Ende in die Segensworte über: „Und der Segen des allmächtigen Gottes, des Vaters und des Sohnes und des Heiligen Geistes, komme auf euch herab und bleibe bei euch allezeit." Es bleibt zu wünschen, daß von der Vielfalt dieser Möglichkeiten mehr Gebrauch als bisher gemacht wird.

60 Was soll denn der Wettersegen?

Mit dem Schlußsegen kann ein eigener Wettersegen verbunden werden. Vor allem in ländlichen Gebieten wird in der Zeit vom Fest des heiligen Markus (25. April) bis zum Fest Kreuzerhöhung (14. September) für das Gedeihen der Feldfrüchte gebetet. Hier erhebt sich der „Einwand, Gott lasse sich doch nicht durch unseren Wettersegen bewegen, in den Ablauf von festen Naturgesetzen einzugreifen. Eine solche Sicht geht von einer falschen Deutung des Wettersegens aus. Der Wettersegen ist ein Segensspruch und als solcher eine Form des Bittgebetes. Es geht nicht darum, mit diesem Segen das Wetter magisch zu beschwören. Vielmehr treten wir betend vor Gott" (Walter von Arx).

Wir dürfen den Vater bitten (Mt 7,7–11), und so tut es schon die Urgemeinde. Wenn die Kirche segnet, dann preist sie Gott für seine Gaben. Segnungen sind Zeichenhandlungen. Sie sollen das Leben in seinen verschiedenen Bereichen aus dem Glauben deuten und gestalten. Es handelt sich also um einen gläubigen Umgang mit der Welt. In den Segnungen werden die Gaben Gottes „als Zeichen gedeutet, in denen der Mensch die Schöpfermacht und Güte Gottes erkennt. So werden die Gaben der Schöpfung und das Werk des Menschen zum Anlaß, sich zu Gott hinzukehren, ihm zu danken, ihn zu preisen und ihn um Hilfe anzurufen" (Benediktionale, Verlage Benziger und Herder, Einsiedeln – Freiburg 1979, S. 13). In den Segnungen erfährt die christliche Gemeinschaft sich selbst, die Gaben der Natur und die Frucht ihrer Arbeit als Geschenk Gottes. So sind Segnungen Zeichen des Heils. Dabei setzen sie den Glauben voraus, so daß ein magisches Mißverständnis ausgeschlossen wird.

„In diesem Sinne hat der Wettersegen auch heute noch seine volle Bedeutung. Er macht uns Menschen des technischen Zeitalters bewußt, daß wir und die ganze Schöpfung von Gott getragen sind. Alles, was uns begegnet, ist ein Anruf Gottes an uns; Gabe und Aufgabe, die Gott uns zukommen läßt. Das erfordert vom Menschen Dank und Lobpreis" (W. von Arx).

So beginnt auch eine der Formen des Wettersegens, die im Benediktionale, dem Segensbuch der Kirche, steht: „Gepriesen bist du, Herr, unser Gott! Alles, was du geschaffen hast, ist gut. Wir loben dich. Wir preisen dich" (dort S. 59). Im Meßbuch finden sich zwei Formen, eine nach Art der feierlichen dreiteiligen Schlußsegen, die andere als Segensgebet über das Volk. Beide scheinen auch für den heutigen Menschen gut vollziehbar. Es sind gute Beispiele dafür, wie man alte Naturalsegnungen auch in der Gegenwart glaubwürdig umsetzen kann.